AF308670

LETTRE

DE LA CHINE

DE L'AN 1601. ESCRITE
par le P. Valentin Carua-
glio Recteur du College
de Macao au T. R. P. Claude Aquauiua General de la
Compagnie de Iesus.

TRES-REVEREND PERE
en Dieu, la paix de Iesus Christ
vous soit donnee.

A PARIS,
Chez CLAVDE CHAPPELET,
ruë S. Iacques, à la Licorne.
1605.

LETTRE DE LA

Chine de l'an 1601. escrite par le
P. Valentin Caruaglio Recteur du
College de Macao, au T. R. P.
Claude Aquauiua, General de la
Compagnie de Iesus.

TRES-REVEREND PERE

en Dieu la paix de Iesus-Christ vous
soit donnee.

IE vous feray vn brief recueil de l'estat auquel se trouue à present la mission de la Chine, du fruict que nostre Seigneur en l'an 1601. a recueilly en ce grand Royaume (apres vn si long temps,) par le moyen de ses ouuriers, de la disposition qui se descouure de iour à autre plus grande à receuoir le sainct Euangile, finablement de la bonne odeur que les premices de ceſte nouuelle vigne ont donné, & l'heureux progrez qu'elle promet à l'aduenir. Ie traicteray premierement du College de Macao, par ce qu'elle depend entierement de luy, comme du Seminaire de ceſte miſſion, auquel reſide ſon ſuperieur immediat. Apres nous viendrons aux particularitez, & aux reſidences que nous y auons, racomtant les choſes d'edification qui y ſont aduenues.

Du College de Macao.

L'An 1601. il y a eu en ce College 59. de la Compagnie à ſçauoir 20. Preſtres & 39. coadiuteurs, leſquels ſe ſont employez chacun au miniſtere conforme à leur talent; l'occaſion d'vn ſi grand nombre de Religieux a eſté que le Nauire qui deuoit aller au Iapon à hyuerné en ce port, de ſorte que ceux qui eſtoient venus de l'Inde, en intention de paſſer au Iapon, ont demeuré icy auec dix autres que vous auiez enuoyez pour la Chine qui ont compoſé ce grand nombre, lequel d'ordinaire n'eſt que de trente religieux ou enuiron.

Le Pere Oliuier Toſcamela eſt decedé, lequel eſtoit venu de Rome auec le
P. Alexandre Valignan Viſiteur, & apres
qu'il eut eſté quelques annees ſon cōpa-
gnon au Iapon, retournāt à Macao il demeura en ce College, où il a faict treize
ans durant vne eſcole de lire & d'eſcrire
auec beaucoup d'edification d'vn chacū.
Sa maladie a duré neuf ans, en laquelle
il a non ſeulement ſeruy d'exemple de
patience, mais il n'a pas laiſſé de s'employer continuellement au ſeruice Diuin, & à aider ſon prochain, n'ayant
quaſi point manqué à ſa charge, nonobſtant ſon indiſpoſition. Et comme il
eſtoit deuot de la Sereniſſime Royne
des Cieux, particulierement de ſa naiſ-
ſance, il pleut à la Diuine bonté de l'appeller à ſoy, le meſme iour qu'il la ſo-
lemniſoit tous les ans en ſon eſcole,
dont il receut vn grand contentement.

Il eſt auſſi decedé vn autre frere nommé Gaſpard Doſreis qui eſtoit de grand
exemple & vertu.

Durant les vacations & ez autres ſai-
ſons de l'année, pluſieurs des noſtres ſe
ſont retirez pour faire les exercices ſpirituels, parce que ce College eſtant le

Seminaire de deux ſi importantes miſſions de la Chine & du Iapon qui a-
uoient eſté empeſchees ces annees dernieres, l'vne à cauſe de la difficulté qu'il
y auoit à y entrer, l'autre à cauſe de la
perſecution, & maintenant la porte de
la Chine & du Iapon nous eſtant ouuerte, on taſche que les noſtres qui y re-
ſident, facent tous leurs appreſts necef-
ſaires pour reſiſter aux aſſaux de l'ennemy, ſupportant les trauaux & ſurmon-
tant toute ſorte de difficulté, afin qu'ils
puiſſent planter & augmenter la ſaincte
foy Catholique en ces quartiers, ſoubs
l'eſtendart de la Croix.

La venue du nouueau Recteur enuoyé du Iapon, a donné ordre à quelques
choſes vtiles à ce College ; comme à l'a-
uancement des Eſcoliers du dehors ez
lettres & bonnes meurs par la confeſſion & communion plus frequente. De
ſorte que pluſieurs incitez par leur
exemple, ont quitté les eſcoles où ils
eſtudioient auparauant pour venir aux
noſtres.

Les autres miniſtres de la Compagnie ſe ſont auſſi employez à viſiter &
confeſſer les priſonniers, à ſeruir aux

malades & Hospitaux, à conuertir les Gentils, à instruire les Catecumenes ez mysteres de la Foy de Iesus-Christ, & à les baptiser. En quoy on feroit beaucoup plus de fruict si on sçauoit la langue, & qu'il y eust vne maison pour nourrir les Catecumenes tandis qu'on leur apprandroit ce qui est necessaire de sçauoir, pour receuoir le sainct Baptesme.

On a faict les processions & predications du Karesme, auec vne deuotion particuliere, & vn fruict spirituel, où il s'est trouué d'ordinaire bon nombre de disciplinans, qui eust encore esté plus grand si l'Eglise (qui estoit auparauant fort capable) fust demeurée en son entier, mais ayant esté bruslee l'an passé auec vne partie du College, on a esté contrainct de se seruir de quelque vieilles masures attandant qu'on la puisse rebastir. En laquelle disgrace (s'il la faut ainsi appeller) on ne sçauroit dire l'affection que ces habitans nous tesmoignerent. Car aussi tost que le signal du feu fut donné, ils y accoururent tous auec leurs seruiteurs pour l'esteindre, & arracher les tableaux de l'Eglise du milieu

des flames, mais qui plus eſt les Damoi-
ſelles qui ne ſortent pas ſouuent de la
maiſon y vinrent auec leurs ſeruantes
portans de l'eau qu'elles bailloient à
leurs maris pour eſteindre le feu qui
bruſloit ſi furieuſement qu'à peine peut
on emporter le ſainƈt Sacrement hors
de l'Egliſe:& n'y a point de doubte que
tout le College euſt eſté reduit en cen-
dres ſans le grand ſecours, & la diligence qu'on apporta à eſteindre le feu , parce qu'à l'inſtant que l'Egliſe ardoit le
plus , le feu ſe print en trois diuers lieux
du College. A quoy ne voyant point de
remede , il fut neceſſaire d'en abbatre
vne partie pour couper chemin au feu.
Ne reſtant donc que les quatre murail-
les de l'Egliſe, encore ſi entre ouuertes
de la violence du feu qu'il eſtoit impoſſible de s'en ſeruir, on n'y a point trouué d'autre moyen que celuy que nous
venons de dire. En quoy nous auons
eſté ſecourus non ſeulement des aumoſ-
nes de quelques perſonnes deuotes
(bien que l'argent ſoit court, à cauſe
que la plus part de leurs moyens eſtoit
dans le Iunco qui ſe perdit l'an paſſé)
mais generalement de tous ceux de Ma-

cao lefquels ont promis d'vn commun
accord de donner trois mille efcus pour
cet effect, s'il plaift à Dieu d'amener à
port de falut le Nauire qu'on attend
du Iapon. On a auffi refaict les Orgues
qui font auffi bonnes que celles que le
feu à confommees, à quoy l'aumofne
d'vne bonne perfonne à efté bien employee: elles ont feruy la premiere fois à
Noel dernier, lefquelles eftans neufues,
& les ornemens Pontificaux de Brocard
d'or tous neufs auffi faictes d'aumofne,
ont rendu plus folemnelle la glorieufe
natiuité du Sauueur du monde. Au lieu
des deux tableaux qui ont efté bruflez,
l'on en a faict deux autres, l'vn de l'Af-
fomption de la tres-faincte Mere de
Dieu, à laquelle l'Eglife eft dediee, l'autre des onze mille Vierges martyres.
C'a efté vn peintre Iaponois que nous
nommons Dogico que le P. Valignan
enuoye à ceux de la Chine, qui le luy
ont demandé pour faire quelques tableaux qu'ils veulent donner aux Chinois nouueaux conuertis en efchange
des idoles qu'ils leur oftent. Sans doute
qu'il a bonne main, & eft habile garçon
enfon meftier, fes peintures paroiffent

A v

ſi belles & accomplies, que les Chinois
y prendront plaiſir.

Le Kareſme dernier 17. Gentils-
hommes de ceſte ville ſe retirerent en
noſtre maiſon pour faire leur confeſſion
generalle, & les exercices ſpirituels.
Dieu veuille que les autres en puiſſent
faire de meſme, à ceſte heure que ce re-
cueillement eſt fort eſtimé en ce pays, &
que les vns y attirent les autres, en leur
deſcouurant le bien qu'ils perdent en ſe
priuant de tels exercices. Ez iours du
Iubilé le nombre des confeſſions &
Communions, paſſoit d'ordinaire ſept
cens. Aucuns qui eſtoient en diſcorde
ſe ſont reconciliez : des filles qui à l'occaſion de la pauureté de leurs maiſons
eſtoient en hazard de perdre l'honneur
& s'abandonner, ſe ſont retirees a couuert en des maiſons honorables.

Les Portugais de Macao, auec ceux
qui viennent de l'Inde, vont deux fois
l'an à la foire de Canton (qui eſt vne
ville plus auant dans la Chine) & mai-
nent vn Preſtre des noſtres pour dire la
Meſſe, & reſoudre les doutes qui ſe pre-
ſentent au faict de leur trafic. Ils vont
par eau, & s'arreſtent en vne riuiere qui

paſſe aſſez prez de la ville. Au milieu de
laquelle il y a vne belle Iſle & vn monaſtere de Bouzes, auec vn temple d'I-
doles, c'eſtoit la où autresfois le Preſtre
qui accompagnoit les Portugais, auoit
accouſtumé de dire la Meſſe. Mais depuis quelques annees en ça, qu'on en
leua vn ieune garçon qui ſe vouloit faire
Chreſtien, on leur a ſi bien fermé le pas,
qu'il n'a eſté poſſible aux Portugais d'y
mettre les pieds. Que ſi quelqu'vn par
curioſité de voir ceſte petite Iſle, s'effor-
çoit d'y deſcendre on l'en chaſſoit à
coups de pierre. C'eſt pourquoy les noſtres eſtoient contrainͨts d'aller en vn
autre lieu fort eſcarté & incommode,
pour ouir la Meſſe & faire leurs deuo-
tions. Mais ceſte annee par l'induſtrie
du Pere qui eſt allé auec les Portugais,
l'on a obtenu licence du ſuperieur du
monaſtere, & de l'Eunuque qui eſt le
Souuerain en la Prouince de Canton,
de pouuoir dire Meſſe en ceſte petite
Iſle & d'y demeurer tant que l'on vou-
dra. Ce qui n'eſt pas peu, à cauſe de la
grande commodité du lieu (comme
nous auons dit) & que les marchans
peuuent venir au ſermon durant le

temps de la foire. Ce qui apporte vn grand fruict, d'autant qu'on leur per-suade, que non seulement ez commer-ces, ils ne doiuent outrepasser les ter-mes du deuoir, mais qu'en toute autre chose ils se doiuent aussi tellement comporter enuers les Gentils, que leur bonne vie, & vertueux exemples les ex-citent à ambrasser la Foy de Iesus-Christ. De faict vn Bouze de ce temple touché d'vn desir de receuoir le sainct Baptesme, vint trouuer le Pere, afin qu'il luy expliquast quelque mistere de nostre saincte Foy, mais ne sçachant pas bien la langue, & d'ailleurs se ressouue-nant de ce qui estoit arriué à cause du ieune garçon, on renuoya le Bouze au Pere de la residence de Sciauceo, qui est la plus proche de Canton.

La feste de la Pentecoste venue, les Portugais intermirent leurs negoces temporels, pour penser à leurs ames, de sorte qu'ils se confesserent & Commu-nierent le iour de la feste. Il y en eut vn entre autres, lequel auoit faict vn appel & vn desfi peu de iours auparauant, ce qu'estant venu à la cognoissance du Pe-re, il fist en sorte, tout malade qu'il eſtoit, qu'il empeſcha ce duel & accorda les parties, ſi bien que celuy qui auoit plus de remords ſe vouloit confeſſer : mais eſtant touché de quelque vain reſpect, qu'il ne le deuoit pas faire en la preſence de ſes compagnons, il penſoit differer iuſqu'à la nuict, ſinon qu'il fut pouſſé de ceſt eſprit, duquel on celebroit la feſte, & aduerty que ceſte penſee ne venoit pas d'vn bon principe, il ſe ietta deuant tous aux pieds du Pere, & ſe confeſſa, auec vne grande conſolation, & edifia grandement ſes compagnons. Il a pleu à noſtre Seigneur d'exercer ceſte annee la patience des bourgeois & habitans de Macao, par des orages qui ont duré depuis le mois de Iuin, iuſques en Octobre. D'autant qu'enuiron ſix ou ſept tempeſtes de vents (leſquels en 4. heures, tournoyant noſtre Hemiſphere, couurant tout le cercle des vents, & s'appellent par deça Tufoni) ont eſté ſi terribles, qu'ils ont faict beaucoup de dommage renuerſant les maiſons, & briſant toutes celles qui demeuroient debout. Noſtre College en a auſſi eu ſa part, ayans abbatu deux corps de logis qui

estoient à peine releuez des embrase-
mens du feu. Le Pere Recteur n'eust pas
si tost commandé aux nostres de sortir
des logis, qui ne luy sembloient pas
estre seurs, qu'vne partie du mur tomba
en ruine. Vne autre maison situee sur
vne colline dans vn champ qui est à
nous, fut ruee deux fois par terre, & le
vent en emporta la couuerture, iusques
dessus le College, qui en estoit assez
esloigné. Dont il receut vne double
perte.

Que si les vents firent vn tel rauage
en la terre, que fut ce au prix en la mer?
ils traicterent si mal deux vaisseaux, que
l'vn fist naufrage, & l'autre en fut bien
prez, ils auoient mouillé l'ancre à deux
lieues de ce port, quand ils furent inues-
tis d'vne furieuse tempeste, auec des
esclairs, l'vn ayant perdu son mas, s'en-
tre-ouurit & faisoit grosse eau, & l'ar-
dante furie de ceste exalation, ne cessa
point qu'elle n'eust faict perdre la vie à
quelques vns. De sorte que les Nauires
ne pouuans plus resister aux secousses de
la Mer courroucee, les mariniers cou-
perent les chables, & se laisserent emporter à la furie du vent, l'vne alla quin-

ze lieuës loin de Macao, donner sur vne
greuë, & faire vn deplorable naufrage,
auec perte de quatre cens mille escus
comtans, & plusieurs espiceries qui furent perduës, & qui pis est auec la mort
de plusieurs personnes qui furent no-
yez, & de tous les autres qui se sauue-
rent à la nage, blecez des cloux des ais
qui flotoient sur la mer.

L'autre vaisseau (auquel il y auoit
quelques vns de nostre Compagnie)
pensant retourner à Cocincina, sans es-
poir de reuoir ceste année là Macao, sui-
uoit la furie des vens, lors qu'ils s'apper-
ceurent que la sentine s'emplissoit d'eau
sans sçauoir d'où elle venoit. Le Capitaine voyant le danger où ils estoient
reduits, commanda au Pilote de s'approcher de terre, afin qu'en cas de naufrage ils peussent au moins sauuer leur
vie. Chacun se trouuant reduit à ce
point, & que l'heure derniere s'appro-
choit, eut recours à la saincte confes-
sion pour se preparer à la mort, les autres qui n'estoient point baptisez rece-
uoient le baptesme faisans quelques au-
mosnes d'importance. Dieu permit
que le vaisseau entra dans vn sein de

mer, où le temps s'eſtant vn peu adou-
cy, on eut loiſir de racouſtrer ce qui
eſtoit neceſſaire. Il partit d'icy auec vn
autre Nauire, ſon compagnon qu'il
auoit long temps perdu de veuë, & rencontré icy, noſtre Seigneur qui gouuer-
ne toutes choſes le conduiſit à Macao,
lors que nous les tenions pour perdus.

La conſolation que receut toute la
ville à l'arriuee de ces Vaiſſeaux, fut telle
que nous penſions deſia eſtre hors des
trauaux, lors qu'il en ſuruint d'auſſi faſ-
cheux que les derniers paſſez. Car le
trantieſme de Septembre, vn iour apres
que la tempeſte fut ceſſee, on vit venir
du coſté d'Orient (qui eſt par où l'on va
au Iapon) deux vaiſſeaux & vne Fregate,
qui ſembloient eſtre Portugais, ayans
toutes les voiles au vent, comme s'ils
n'euſſent ſouffert aucune bouraſque. La
veuë de ces Vaiſſeaux mit toute la ville
en rumeur, par ce qu'ils venoient hors
de ſaiſon, & qu'on n'attendoit autres
Nauires du Iapon, ny de l'Inde que
ceux qui eſtoient deſia arriuez.

Ces Nauires enuoyerent vn bateau
auec onze perſonnes dedans pour prendre langue, feignans d'eſtre marchans,

les Portugais qui auoient sceu asseuré-
ment que c'estoient des Holandois, les
retinrent tous prisonniers. Et peu apres
la Frégate venant auec le Capitaine, le
Pilote & le reste des gens s'approcher
de Macao, fut aussi prise par des barques
qui estoient allees la receuoir. On entra
en doute que l'ennemy voulust prendre
reuanche, de sorte que l'on transporta
de Macao en vn autre lieu plus seur &
defensable, l'or & les marchandises, &
l'on mit des sentinelles (comme la prudence le requeroit) en des endroits d'où
l'on pouuoit descouurir de iour & de
nuict les desseins de l'ennemy, lequel
voyant qu'il ne pouuoit pas beaucoup
gagner en ceste ville (qui est ouuerte de
tous costez, sans muraille, sans artillerie
ny garnison de gens de guerre) trois ou
quatre iours apres, il tourna la prouë en
mer & fist voile.

De la venue de ces Holandois, nostre
Seigneur a gaigné la conuersion de ceux
qui demeurerent prisonniers, lesquels
estans tous condamnez à mort furent
par la grace de Dieu & ministere des
nostres, reduits au troupeau de la saincte Eglise Catholique, & recogneurent

le Souuerain Pontife de Rome, pour Vicaire de Iesus-Chrift en terre, & Pafteur vniuerfel. Nos Preftres les accompagnerent iufques au lieu du fupplice. où ils fe confefferent plufieurs fois & demanderent pardon à toute l'affiftance, & repetans fouuent la profeffion de la Foy Cátholique, ils finirent leurs iours auec de grans fignes de leur falut.

Du deuxiefme voyage que les noftres firent à la Cour de Pachin.

NOus efcriuimes à V. P. au mois de Decembre 1600. que les noftres de Nanchin, où le Roy de la Chine refidoit anciennement, eftoient defia partis pour aller à Pachin, où eft à préfent la Cour, afin de tenter de nouueau cefte entreprife, fi neceffaire pour donner pied ferme aux noftres dans ce Royaume, auquel ils font demeurez iufques icy fans le congé du Roy, & que par ce moyen la porte foit entierement ouuerte à la conuerfion de cefte pauure Gétilité, laquelle eft fort timide & fubiecte aux Mandarins & autres Officiers, & a befoin de noftre entree & refidence

dans Pachin, pour eſtre encouragez
d'eſcouter plus promptement la parole
de Dieu : & ſans doute que la conuerſion en ſeroit beaucoup plus grande,
ainſi que nous auons recogneu par experience au commencement, d'autant
que le ſeul bruit de noſtre voyage eſ-
meut tellement ceux de Sciauceo qu'il
en arriua pluſieurs bapteſmes, dont
nous parlerons en leur lieu.

Laiſſant donc pour ceſte heure nos reſidences, deſquelles nous traicterons di-
ſtinctement cy-apres, ie ſuiuray le voyage de Pachin, & rendray côte de tout
ce qui y eſt arriué depuis le mois de
May, 1600. (que ceſte entrepriſe commença) iuſques en Nouembre 1601.
que nous auons receu les dernieres lettres, qui nous ont eſté enuoyees de Pachin.

Ayant donc eſté reſolu pour les raiſons cy-deſſus, qu'il falloit aller à Pachin, on eut paſſeport d'vn grand Mandarin qui a charge de tels affaires. On
dreſſa vne requeſte au Roy qui contenoit l'occaſion, & la fin du preſent que
les noſtres luy portoient, & cela faict le
P. Matthieu Ricci, print congé des

principaux Mandarins de Nanchin ,
lesquels gouuernent cefte feconde
Cour, & ont beaucoup de credit enuers
ceux de Pachin.

Chacun s'offrit de le fauorifer & luy
donnerent des lettres de recommanda-
tions principalement addreffantes à
ceux qui ont la charge des expeditions,
des requeftes des eftrangers qu'on pre-
fente au Roy. Le iour que le P. Ricci fe
deuoit embarquer deux Mandarins
Chreftiens, auec vn autre Gentil qui eft
gendre de l'vn des deux, homme grand
& qualifié, vinrent en noftre maifon .&
donnerent à difner au Pere, & apres le
deffert, luy firent quelques prefens en
figne de leur bienueillance. Apres auoir
pris congé d'eux, auec tous les compli-
mens requis, les Peres Ricci,& Iacques
Pãtoia, auec le frere Sebaftien Fernãdes,
qui eft fort aymé de ceux de la Cour de
Nanchin, partirent le 19. de May 1600.
accompagnez d'vn Eunuque, homme
d'auctorité, qui faifoit de belles pro-
meffes aux noftres,& fçauoit bien le voyage, à caufe que d'autres fois, il auoit
porté plufieurs prefens au Roy. Le
Mandarin du paffeport, leur bailla vne

barque, laquelle auec huict autres estoit
chargee de la conduite de l'Eunuque:
ils commencerent donc à voguer contre le courant du fleuue de Nanchin,
lequel (à ce qu'on dit) est l'vn des plus
grands du monde, parce qu'en d'aucuns
endroits, il est si large qu'on ne sçauroit
voir terre d'vne riue à l'autre, & n'y pa-
roist iamais qu'auec vne grande distan-
ce. Et quoy qu'il soit à cent lieues loing
de la mer, il ne laisse pas d'auoir du pois-
son de mer en abondance, comme des
Tons, des Aiguilles, & autres semblables qui naissent dans ce fleuue, qui
garde son eau douce, iusqu'à son em-
boucheure. Au bout de ce fleuue, on
entre en vn autre fait expres & d'artifi-
ce, iusques à ce qu'il se vienne desgorger
dans vn autre fleuue naturel, qui est na-
uigable, & couuert de bateaux l'espace
de cent cinq lieues. Et d'autant qu'il est
estroit on y va plus aisément, specialement és portes, où l'on paye la dace au
Roy, & les barques y passent vne à vne,
il est vray que celles qui portent les pro-
uisions à Pachin, sont fort priuilegiees:
mais comme il y en a en grand nombre,
bre, celle qui n'est point fauorisee des

Mandarins, demeurera bien trois ou quatre iours auant que de paſſer vne de ces portes. De ſorte que l'Eunuque qui eſtoit en la troupe, abordant à vn de ces paſſages, quoy qu'il conduiſit des bar-ques Royales, & des gens d'auctorité qui ſont maintenant Mandarins en Pachin, auoit aſſez de peine d'en ſortir, & pour gagner l'amitié du Mandarin du lieu, qui faiſoit les depeſches, il l'alloit auſſi toſt trouuer, & luy donnoit aduis, au lieu de quelque gratification, qu'il menoit vn eſtranger, lequel portoit au Roy des preſens rares, & qu'on n'auoit iamais veus en la Chine, auec cela il eſtoit auſſi toſt expedié, comme il deſi-roit. Les Mandarins curieux de voir des choſes nouuelles, & de conferer auec ce Pere, duquel ils auoient deſia beaucoup ouy parler, en la plus-part des villes, par où il paſſoit, le venoient viſiter auec grand honneur & courtoiſie, chacun luy faiſant des preſens ſelon leur couſtu-me. Pour mieux donner à cognoiſtre la faueur, dont les Mandarins vſerént à l'endroit des noſtres en ce voyage, ie me contenteray d'en rapporter vn ou deux exemples. Le P. Matthieu Ricci, auec

ſes compagnons eſtant party dē Nanchin, & arriué à la ville de Sciuceo qui
eſt ſur les confins de la Prouince de
Nanchin, & le commencement de celle
de Sciantuno, l'vn des Principaux Mandarins d'icelle ayant ſceu leūr venue ne
ſe peut empeſcher de les aller viſiter, le
P. Ricci luy monſtra le pourtraiƈt de
noſtre Sauueur qu'il portoit au Roy, &
print de là occaſion de luy expliquer
quelques myſteres de noſtre ſainƈte
Foy : dont il ſe monſtra tellement nous
eſtre obligé & affeƈtionné, qu'il ſembloit eſtre vn des anciens amis du Pere,
& le requiſt inſtamment, que le Roy luy
donnant audiance, il luy diſt quelque
choſe de Dieu, & le perſuadaſt de n'e-
ſtre paſſi rude & oppreſſeur de ſon peuple : il fiſt quelque preſent au Pere, en
prenant congé de luy, & non content
de ce il le reuint voir le lendemain, & ne
trouuant pas le compagnon du P. Ricci
il demanda qu'il eſtoit deuenu, on luy
diſt que ſon indiſpoſition ne luy auoit
pas permis de pouuoir ſortir au deuant
de luy, il l'alla voir, & ſçachant la cauſe
de ſon mal, il enuoya ſoudain querir en
ſa maiſon vn emplaſtre faiƈt de ſa main,

qui eſtoit propre à ceſte maladie, lequel luy ayant eſté apporté (comme ſi c'euſt eſté vn enfermier de la Compagnie) il l'appliqua luy meſme au patient, auec tant de ſignes d'amour, que les noſtres demeurerent fort conſólez, & edifiez de voir en vn Payen grand Mandarin vne telle charité. Son affection paſſa plus auant: car depuis que les noſtres furent partis, il enuoya deux lieues apres eux vn ſien ſeruiteur pour ſçauoir comment ils ſe trouuoient du chemin, & leur preſenter quelque dons de ſa part. Pourſuiuant leur chemin, ils arriuerent à vne autre ville de la meſme Prouince, nommée Lini, le P. Ricci deſcendit pour viſiter vn de ſes meilleurs amis, qui eſt fort renommé, & qualifié en toute la Chine, pour s'eſtre couppé les Cheueux, & quitté la charge de Mandarin qui eſt ſi admirée, & renoncé aux honneurs, comme s'il ſe fuſt retiré du monde, afin d'eſcrire, & de ſe rendre docte en leurs ſciences. Ceſtui-cy donc, apres que le Pere l'eut viſité, fiſt ſçauoir au Tutan (qui eſt des plus grands de la Chine & ſa dignité reſſemble à celle d'vn Viceroy) que le Pere duquel il

auoit

auoit tant ouy parler eftoit venu. Le
Tutan quoy qu'il fuft dans fa ville, où il
eft tenu pour vn petit Roy, vint neanmoins vifiter les noftres bien accompagné, & auec des Inftrumens de Mufique, s'affift parmy eux, & les entretint
affez longuement de diuerfes chofes, il
print vn Breuiaire dans lequel il y auoit
vne image de noftre Sauueur enlumi-
nee, laquelle il demanda fort modefte-
ment au P. Ricci, & le conuia à venir
difner le lendemain chez luy. Bref
quand le Pere partit, luy & le Mandarin tondu efcriuirent des lettres de faueur à leurs amis de Pachin, les aduifant
du moyen qu'ils deuoient tenir par en-
femble, pour l'heureux fuccez de leur
affaire, ny plus ny moins, que s'ils euffent efté de noftre Compagnie.

Les noftres furent receus par le chemin, auec femblables courtoifies des
Mandarins, iufques à l'Infiuo ville principale de la Prouince de Sciantuno, où
le P. Lazare Catanee, & le frere Sebaftien Fernandes, deux ans auparauant
auoient demeuré vn hyuer au retour de
Pachin.

Le Gouuerneur de cefte ville & ad-

miniftrateur du patrimoine du Roy, eft
vn Eunuque fort graue, ie penfe dire
auare, qui reçoit les gabelles, où pour
mieux dire derobe, & efcorche les pauures paffans qui tombent entre fes
mains. En toutès les Prouinces, villes,
& principaux paffages de la Chine, il y a
plus de mille Eunuques pour cet effect.
De maniere que les impofitions qui
auoient efté iufques à prefent mode-
rees, s'en vont à caufe de l'infatiable
auarice du Roy exceffiues, & le Royaume remply d'iniuftices & de rapines.
Dautant que les Eunuques qui font
gens de baffe condition, nez de parens fi
pauures, que n'ayans pas dequoy les
nourrir, ils font contraincts de les rendre Eunuques, afin qu'ils puiffent iouïr
de l'affignation du Roy, qui les nourrift
pour s'en feruir puis apres en telles
charges efquelles il n'employe point
d'autres gens: & eux qui fe voyent tout
d'vn coup efleuez de la lie du peuple en
de fi grandes charges, & auec tant d'authorité de faire & deffaire (ce qui n'eft
pas loifible à aucun Mandarin que ce
foit) tout cela, aux fins d'enuoyer beaucoup d'argent au Roy, lequel recom-

penſe des plus hauts degrez d'honneurs
celuy, qui luy en enuoye le plus, ils ſe
comportent ſi tyranniquement enuers
tous les paſſans, qu'ils ne pardonnént
pas à leur propre Pere, comme l'on
pourra cognoiſtre de ce que nous di-
rons maintenant.

Les noſtres eſtans arriuez à l'Inſiuo,
l'Eunuque qui les accompagnoit, eſ-
pouuanté de la Dace qu'il falloit payer,
parce qu'il voyoit que l'Eunuque de ceſte ville là nommé Macon eſtoit long à
l'expedier, eut recours à ſon aſtuce ordinaire, qui eſtoit de donner à entendre
qu'il menoit auec luy vn eſtranger, lequel portoit au Roy vn preſent rare, &
de valeur : que s'il eſtoit donné au Roy
par ſon moyen, il eſtoit bien ſans doute
qu'il l'erigeroit auſſi toſt en vne pl⁹ hau-
te dignité. Auec cela pour mieux couurir ſes pretenſions (ainſi que l'on pre-
ſume) il entremeſla des menſonges, que
les noſtres auoient des pierres precieu-
ſes & ſçauoient faire de l'argent. Ce
qu'eſtant en la Chine, (où ce metal eſt
plus riche que l'or) le haut comble de
leurs ſouhaits, de ſorte qu'il n'eſt pas beſoin de dire ſi cet aduis fut bien receu

de Macon affamé d'argent. Il n'eut point de peine à croire que tout ce que l'autre Eunuque luy auoit rapporté, estoit vray, & entra aussi tost en vne extreme curiosité de voir ce present, dont il luy auoit tant faict de cas. Il enuoya vn homme deuant, & luy vint apres, auec toute la courtoisie qu'on eust peu desirer, demander au P. Ricci qu'il luy fist voir ce present, lequel luy fist response qu'il le desiroit seruir en cela, aussi tost il commanda qu'on approchast sa barque, laquelle estoit peinte par dehors de diuerses figures d'animaux, & par le dedans eslabouree d'ouurages de relief dorez, & qui pour sa richesse & beauté, eust peu estre mieux employee à faire vn sepulcre la semaine saincte, car ceux qu'on estime dans nos villes, les plus precieux ne l'eussent surpassé en rien. Macon estant donc entré dans la barque des Peres il y vouloit voir ce present, mais à cause qu'elle estoit vn peu estroicte, tous furent d'aduis qu'il le portast en la sienne, d'autant qu'on y pourroit mieux desployer, & voir en leur iour les grands tableaux. Macon demeura si espris de la veuë de ce pre-

sent, qu'il print sur soy la charge de ne-
gotier auec le Roy, tout ce que les nostres desiroient, & leur sist vne infinité
d'offres, disant qu'ils ne se missent point
en peine, par ce qu'il enuoyeroit incontinent leur requeste au Roy, dont il auroit aussi tost response. Quant à eux que
ils aduisassent s'ils se contenteroient
d'estre Mandarins, d'auoir pension du
Roy, & demeurer en Pachin, que cela
luy seroit facile à obtenir. Et se tournant vers le tableau de la tres-saincte
Mere de Dieu, auec son fils entre ses
bras (tiré sur celuy qu'en a faict le glorieux Euangeliste sainct Luc,) comme
Payen, il luy dist en pleurant (ie ne sçay
pas si ce fut du cœur) ô Seigneur voicy
celuy qui a ietté les yeux sur vous, & qui
vous donnera accez pour entrer chez
nostre Roy. Il sist venir incontinent vne
plus grande barque, afin que les nostres
y missent toutes leurs hardes, & fussent
plus au large, au surplus il les sist pouruoir de ris, de vin, & de bois, & pour se
monstrer encore plus liberal, deuant
tous il remit à nostre guide pour l'a-
mour de nous les daces, que toutes les
marchandises deuoient payer. Les au-

tres qui le virent ſi liberal aux paſſages
contre ſa couſtume, creurent que tout
ce qu'il promettoit deuoit eſtre, encore
que les noſtres en entraſſent en quelque
doute. Mais ne pouuans eſchaper de ſes
mains, ils furent contrainƈts de ſe fier
au larron, comme l'on dit. Macon
eſtant retourné en ſon Palais fut viſité
par le P. Ricci, qui le remercia de la faueur qu'il leur faiſoit d'entreprendre ſi
affeƈtueuſement de les aider en vn affaire de telle importance. Luy pour teſ-
moigner de plus en plus ſa bienuieillan-
ce fiſt vn banquet aux noſtres auec pluſieurs entremets de repreſentations &
de feſtes. Apres cela pour commencer
à traiƈter l'affaire auec le Roy, enuoya le
P. Ricci & ſes compagnons à vne fortereſſe de l'Inſiuo (qui importe pour la
deffenſe de la Chine, diſtante de deux
iournees de Pachin, & vne iournee de
la mer) il les fiſt conduire par quatre de
ſes ſeruiteurs, qui faiſoient retirer les
barques, dont le fleuue eſtoit couuert
pour faire place à la noſtre, & ne retar-
der leur chemin : & vn petit Mandarin
auec eux qui deuoit arriuer à Pachin,
auec la requeſte & information du Pere

qui alloit trouuer le Roy.

Pendant que les noſtres s'entrete-
noient en ceſte fortereſſe attendant reſponſe de la Cour, au bout de huiᶜt iouᵣs
ils virent venir Macon, lequel pour
preſſer & conduire mieux cet affaire,
auoit choiſi ce lieu, comme plus proche
de Pachin, & qui ſe trouua à propos
pour enuoyer les denrees du Roy, qu'il
auoit accumulees depuis trois mois, qui
montoient à cent neuf mille tant d'eſcus. Il ſe paſſa prez d'vn mois, ſans que
nous euſſions eu reſponſe de Pachin, ce
qui faiſoit penſer aux noſtres le danger
auquel ils eſtoient reduits. En fin eſtant
venus auec vne ample commiſſion à
Macon, touchant cet affaire, pour la pu-
blier, il fiſt aſſembler tous les Mandarins de la fortereſſe, & comparoiſtre ve-
ſtus de robes d'eſcarlate, & voulut d'a-
uantage que le P. Ricci y fuſt preſent.
En ceſte aſſemblee, parce que la premiere requeſte contenoit ſeulement
que les Peres portoient vn preſent à ſa
Maieſté, Macon ordonna qu'on en fiſt
vne ſeconde qui ſpecifiaſt le don, &
voulut que le P. Ricci eſcriuiſt de ſa
main celuy qu'il portoit pour donner

B iiij

au Roy, lequel confiftoit en trois tableaux, deux grands & vn petit, deux
horloges à rouës vne grande & vne petite, & deux triangles de verre, chofes
dont les Chinois font grand cas, non
pour la valeur de la matiere (attendu
que la Chìne eft tres-riche de tout ce
qui eft eftimé en Europe) mais pour
eftre chofes nouuelles en ce Royaume,
qu'on n'y auoit iamais veuës, & fur tout
pour monftrer vn gránd efprit, & des
inuentions fubtiles en ces ouurages. Le
Pere ayant fait la lifte que Macon luy
auoit commandee, il la luy mit entre les
mains, & luy en la lifant commença à
defcouurir ce qu'il machinoit en fon
entendement. Car il preffa le Pere
d'augmenter le don, & d'adioufter à la
lifte, ie ne fçay quelles pierres precieufes qu'il s'eftoit imaginees, & le con-
traignit à luy repartir vn peu en cholere, que quand cela feroit auffi vray, comme il eftoit faux, qu'il euft des pierres
precieufes, comme il difoit, neanmoins
que faifant de bonne volonté, & fans
aucune obligation ce prefent au Roy,
fans y eftre enuoyé de la part de perfonne, ny pretendre aucune recompenfe,

il ne voyoit point pourquoy on le peuſt contraindre à cela. Neanmoins pour ſe depeſtrer de luy, il luy monſtra quelques bagatelles, deſquelles les Mandarins choiſirent pour le plus beau & le meilleur de groſſes cimbales, vn breuiaire doré, le theatre du monde, & enuiron ſept liures de mathematiques, qui furent portez au Palais de Macon, lequel en recompenſe du mauuais traittement faict au P. Ricci, l'inuita à diſner en compagnie d'vn autre grand Mandarin. Et auec cela tout l'Eſté ſe paſſa, ſans que le Roy fiſt aucune reſponſe, à la deuxieſme requeſte qui luy auoit eſté enuoyee par l'aduis de Macon, cependant les noſtres ne manquerent point d'occaſions de ſouffrir beaucoup d'incommoditez. Outre les quatre ſeruiteurs qu'il auoit enuoyez auec eux, il leur en bailla encore deux autres, de peur qu'on ne fiſt quelque outrage aux noſtres, ou pour mieux dire de peur qu'ils ne s'enfuiſſent.

La ſaiſon eſtant venue que Macon deuoit retourner en ſa ville, faſché de n'auoir receu la reſponſe qu'il ſe promettoit, & des deſpenſes faictes pour

enuoyer à Pachin ces deux requeftes,
(par ce qu'il ne fe faiét rien fans argent
en cefte Cour là) eftant pouffé des fiens
(qui font la lie du peuple de la Chine)
à perfecuter les noftres,& leur faire tout
le rauage qu'il pourroit , il les fift aduertir le 13. d'Octobre que l'expédition du
Roy n'eftoit pas encore venue , & que
ne pouuant plus quant à luy demeurer
là,il falloit qu'il s'en retournaft à l'Infiuo , & quant à eux qu'ils fe retiraffent
dans vn Temple des Idoles qui eftoit au
dedans de la fortereffe , par ce qu'il les
auoit recommandez aux Mandarins
d'icelle. De forte qu'ils commencerent
lors à eftre actuellement prifonniers,
ne pouuans fortir d'vne miferable mai-
fonnete fombre , & qui eftoit gardee
par des foldats iour & nuit.

Quelques iours apres Macon leur
renuoya les tableaux & le grand Horloge , afin qu'ils fuffent gardez dans la
maifon,& le refte du prefent,il le mit ez
mains de diuers Mandarins , lefquels
deuoient rendre bon comte quand il
feroit temps, de ce que chacun auoit receu. Cela faiét le iour d'apres outré
d'auarice & d'efperance de tirer quel-

que autre chofe des noftres, il alla à leur
maifon affifté de toute la cohorte des
fergens, & ramas de foldats qui auoient
pluftoft mine de voleurs & affafins que
de gens de guerre. Là il commença à fe
plaindre publiquement du P. Ricci qui
auoit plufieurs chofes precieufes, def-
quelles le Roy eftoit defia informé, &
neanmoins qu'il ne les vouloit pas adioufter à fon prefent, & qu'il auoit vn
compagnon lequel tenoit des gens en
fa maifon qui ne l'eftoient point encore allé voir. Le Pere refpondit que fon
compagnon ne l'eftoit point allé vifiter
non par mefpris, ou ignorance, mais
par ce qu'il ne fçauoit pas encore la langue Chinoife, ny les ceremonies du
pays. Quant aux chofes precieufes qu'il
s'en pouuoit bien toft efclarcir en faifant fouiller par toute la maifon, & qu'il
n'y trouueroit chofe qui fuft digne d'e-
ftre prefentee à vn Roy.

Il n'eut pas fi toft dit cela (qui eftoit
en effect le bon mot qu'ils attendoient)
qu'en moins d'vn clin d'œil on vit les
harpies de Macon, (comme s'ils euffent
faccagé quelque forterefſe) prendre
noftre logis d'affaut, & renuerfer tout

B vj

sans deſſus deſſous, puis ils rapporterent le butin dans vne chambre, & n'y eut haillon qui ne fuſt deueloppé, ny endroit où ils ne cherchaſſent, & rechercahſſent, penſant y trouuer quelques perles, où dequoy faire de l'argent. En ceſte perquiſition quoy que le frere Sebaſtien Fernandes fuſt aſſez ſoigneux d'empeſcher qu'on ne print rien, neanmoins la ſubtilité de ces larrons fut telle qu'il ſe trouua beaucoup de choſes à dire, entre autres vne croix qui eſtoit pleine de pluſieurs reliques, & vne image de la tres-glorieuſe Vierge, ils n'en euſſent pas moins fait d'vn autre qu'ils laiſſerent ſans y penſer, ſi Dieu n'euſt permis qu'ils l'oubliaſſent. Macon luy meſme mit la main ſur vn calice d'argent, mais depuis eſtant coniuré par le P. Ricci & prié par vn Mandarin qui eſtoit là preſent, il deuint homme de ſi bonne conſcience, qu'il le rendit, toutefois ie ne ſçaurois dire ſi ce fut à regret. Ils pillerent (comme ie dis) pluſieurs choſes de peu d'importance, mais les noſtres furent marris d'auoir perdu ceſte croix, à cauſe des ſainctes reliques qui demeuroient entre les mains

des infidelles, encore qu'ils se peussent
consoler d'autre part, de ce qu'en leur
disant que c'estoient des os des saincts,
ausquels les Chinois portent grand
honneur & reuerence, ils les garde-
roient cherement, & que c'estoit pour
ce subiect que Macon (ainsi qu'il disoit) les vouloit donner au Roy : ils se
consoloient aussi pensans que c'estoit
vne secrette disposition de Dieu, qui
par le moyen de ce tresor celeste desiroit enrichir ceste pauure Gentilité, luy
donnant par l'intercession d'iceux saints
la lumiere de la saincte Foy.

Apres auoir bien fouillé par tout
Macon rencontra dans vne cassete vn
crucifix qui n'estoit quasi pas acheué, il
se trouua estonné de voir vn homme
sanglant & mis en croix. Il le tira hors
de l'estuit, & demanda que c'estoit. Le
P. Ricci le luy donna à entendre, mais
Macon Payen & superstitieux ne print
aucun goust à ce qui luy en fut dit, au
contraire pensant toute autre chose
que la verité, il en tira vne consequence
la plus inepte qu'il est possible, disant
pour conclusion que les nostres sans
doute estoient des meschans & magi-

ciens, car s'ils euſſent eſté gens de bien
ils n'euſſent pas eu le cœur de porter
auec eux vne telle repreſentation qu'e-
ſtoit celle du crucifix. Le Mandarin (qui
auoit intercedé enuers Macon pour
nous faire rendre le Calice) adiouſta,
qu'encore que les Peres euſſent bonne
intention, neanmoins que cela ſeroit
touſiours interpreté en la mauuaiſe
part de tous ceux de la Chine, & veu
d'vn fort mauuais œil. Et quoy que peu
apres Macon trouuaſt deux autres crucifix, ce qui l'appaiſa vn peu, neanmoins
le dire de ſainct Paul fut verifié en luy.
Qu'il preſchoit Ieſus Chriſt crucifié
ſcandale aux Iuifs, & folie aux Gentils.
Macon & les ſiens apres auoir pillé ce
que bon leur ſembla, ſe voulant retirer
taſcha auec trois ou quatre belles paroles d'adoucir les cœurs des noſtres, qui
eſtoient eſtrangement offenſez d'vne
telle barbarie. Il leur dit qu'il s'en re-
tournoit à l'Inſiuo, où adiouſtant toutes ces choſes qu'il emportoit à la liſte
& à la requeſte cela feroit vn tel effect
qu'ils auroient bien toſt l'expedition
qu'ils attendoient du Roy.

Il s'en alla le lendemain & laiſſa les

noſtres pour vn temps en quelque eſperance qu'il preſenteroit de nouueau la
requeſte , & pourſuiuroit la reſponſe,
mais ils ſceurent au bout d'vn mois
qu'il ne s'ē eſtoit pas ſoucié, de ſorte que
les noſtres auoient deſia demeuré en ce
lieu là quatre mois à attendre, auec l'in-
commodité de l'hyuer, patiſſant outre le
froid d'autres neceſſitez & impertinen-
ces des ſoldats qui les gardoient. Se
trouuans donc en grande extremité,
ſans eſperance de pouuoir ſortir l'hyuer
de la fortereſſe, à cauſe que le fleuue
eſtoit glacé, & que le chemin par terre
eſtoit tres-difficile, ils ſe reſolurent d'eſcrire à Macon, pour le prier de les faire
depeſcher & l'y conuier par toutes les
raiſons qui luy pouuoient induire, ils
eſcriuirent auſſi au Lincitanus amy du
P. Ricci afin qu'il les fauoriſaſt aupres de
Macon. Le meſſager des noſtres eſtant
arriué a l'Inſiuo, trouua l'Eunuque en
la ſale de l'audience, il luy preſenta la
lettre du P. Ricci, mais il le regarda d'vn
mauuais œil, & tous ſes gens luy coururent ſus à grands coups, & luy arrache-
rent les cheueux en le chaſſant dehors.
Neanmoins le ieune garçon qui eſtoit

Chreftien ne laiffa pas d'aller le lendemain demander fa refponce à Macon,
qui ne luy dift pas vn feul mot, cependant il entendoit fes domeftiques &
courtisãs qui fe mocquoient de nos Peres. L'incitano ne fift pas de mefme : car
il fe monftra homme d'honneur, comme il eftoit, & leur refcriuit que de parler à Macon de l'affaire qu'ils luy re-
commandoient,ce feroit perdre temps,
d'autant qu'il eftoit refolu de leur faire
du pis qu'il pourroit, & qu'auparauant
que leur meffager fuft venu, parlant
auec Macon du fait des noftres,il luy en
auoit ouy dire tant de fauffetez (qu'il
auoit trouué en noftre maifon deux facs
d'argent, & des inftrumens pour faire
de l'argent, vn homme en croix tout
couuert de fang, qui n'eftoit rien autre
chofe,quoy que les Peres vouluffent dire,qu'vn pur malefice pour faire perdre
la vie au Roy leur Seigneur, & au bout
s'emparer de fon Royaume) de forte
que ces calomnies l'auoient detourné
de luy en parler plus auant. Neanmoins
qu'aux occafions qui s'en prefente-
roient,il leur feroit tous les bons offices
dont il fe pourroient aduifer, comme il

fist escriuant à vn grand Mandarin de Pachin, afin qu'il fauorisast nostre cause en la Cour. Il adiousta de plus à la response qu'il fist au P. Ricci quelques paroles pour le prier tres-instamment d'oster incontinent le Crucifix, par ce qu'il n'y auoit moyen, pendant que Macon persistoit en ses imaginations Chimeriques, de parler de ce qu'il desiroit, tant s'en faut qu'il en peust esperer vn bon succez. Mais le Pere ne se soucia gueres de ce conseil, qu'il voyoit naistre d'vne prudence Payenne, & d'vne police de Satan, au contraire il se resolut de plus en plus de prescher d'oresnauant en public Iesus-Christ crucifié, & parler plus franchement de ce sainct mystere, assisté de la vertu de celuy qui pour faire des entreprises heroiques, ne se sert que de foibles instrumens, & administre la force & le courage de surmonter toute sorte de difficultez à ceux qui s'employent pour son sainct seruice, comme l'on pourra voir de ce qui s'ensuit.

Durant ces accessoires le P. Ricci voulut enuoyer à Pachin, le frere Sebastien Fernandes pour aduertir quelques

Mandarins de la Cour, de tout ce qui
s'estoit passé contre eux, mais le frere voyant l'estat auquel il laissoit ses compagnons, demanda auant que partir la resolution d'vn doute qu'il auoit à vn
Prestre des nostres, sçauoir si retournant
de Pachin, il trouuoit les nostres (comme il presumoit) massacrez pour la Foy
de Iesus Christ, s'il pourroit en bonne
conscience (à quoy il s'estoit resolu s'il
luy estoit permis) se presenter à Macon,
& luy dire , qu'estant religieux de la
mesme Compagnie, il faisoit profession
de la Loy Euangelique, que ses autres
compagnons auoient suiuie , & qu'il
meprisoit & detestoit leurs dieux : partant qu'il fist aussi de luy tout ce qui luy
plairoit, car il estoit tout prest de mourir pour l'amour de Iesus-Christ, il demandoit cela au Pere, à cause du mes-
contentement qu'il eust receu, si son
voyage en Cour, luy eust faict perdre ce
qu'il auoit depuis tant d'annees requis
à nostre Seigneur en recompense des
trauaux qu'il auoit soufferts en ceste
glorieuse mission. Nous recogneusmes
le mesme courage de respandre leur
sang pour Iesus-Christ , iusques aux

moindres seruiteurs de la maison, & en
vn ieune garçon que nous auons esleué,
qui pretend entrer en la Compagnie,
dont celuy qui porta les lettres à Macon, en donna assez de preuue non seulement par les outrages que luy firent
les courtisans, mais aussi par ce qu'il dit
à Lincitanus, qui l'aduertissoit que les
Peres ostassent le Crucifix, auquel il respondit courageusement, que ceste saincte Image que les nostres auoient auec
eux, estoit la figure du vray Dieu mort
en la Croix pour le salut du monde. De
sorte que non seulement les Peres, mais
aussi les autres qui suiuent la Loy, qu'ils
enseignent, perdroit plustost la vie que
de renier l'Image de leur Dieu & Re-
dempteur, & ne l'auoir point auec eux.
Le Mandarin demeura fort estonné d'v-
ne telle response, ne sçachant d'où luy
pouuoit proceder ceste force d'esprit,
veu qu'en toute la Chine, quoy qu'elle
soit grande & populeuse, il ne se trou-
uera pas vn homme qui voulust mettre
sa vie en hazard pour sa Secte & religion, au contraire pour se conseruer
tant soit peu ils renieroient leur Loy, &
toutes leurs Idoles.

Ceſte conſtance ne parut pas ſeulement ez grands, mais auſſi ez plus petits. Car deux enfans Catecumenes que
les noſtres auoient auec eux (l'vn de
douze ans, qui leur auoit eſté donné par
vn homme d'honneur, lequel l'auoit
achepté de ſon propre Pere, qui le ven-
doit par neceſſité, ce qui eſt fort ordinaire en la Chine, & l'autre que ſa mere
auoit auſſi vendu aux noſtres par pauureté, en vn temps de famine qui dura
quelques annees, de ſorte que les deux
pouuoient valoir trois eſcus) ces enfans
diſie, ſans eſtre inſtruits de ce qu'ils reſ-
pondroient, eſtans enquis ſi quelque
Mandarin leur commandoit d'adorer
les Idoles, ce qu'ils feroient. Ils reſpon-
dirent d'vne voix qu'ils ne luy obeï-
roient iamais en cela, quand il les de-
uroit faire mourir de coups de fouet.

Nos affaires eſtoient donc lors re-
duites à ce point, quand le frere Sebaſtien s'en alla à Pachin laiſſant les autres
en ladicte priſon, & ſans aucune eſperance humaine d'en ſortir iamais. Mais
noſtre Seigneur auquel ils auoient mis
toute leur fiance, & à la gloire duquel
ils auoient commencé ceſte entrepriſe,

au temps qu'ils y penſoient le moins,
les tira hors de ces angoiſſes , & auec
beaucoup d'honneur, malgré leurs en-
nemis les mena à la Cour de Pachin , ce
qui aduint en ceſte façon.

Le Roy auoit veu la requeſte que
Macon luy auoit en fin enuoyee, & leu
la liſte des choſes qu'on luy deuoit preſenter, mais d'autant que quand on la
luy fiſt voir, il auoit mis ſouz le pied
toute ſorte d'affaires , & ne penſoit qu'à
faire feſtes pour celebrer plus ioyeuſe-
ment ſa Natiuité , il ne peut depeſcher
la requeſte & n'y fiſt rien. Du depuis le
Roy eſtant en ſon Palais auec aucuns
des ſiens de loiſir,il ſe ſouuint,ie ne ſçay
comment de l'horloge qu'il auoit leuë
dans la liſte, & demanda où eſtoit ceſte
cloche qui ſonne d'elle meſme (car les
Chinois appellent ainſi les Horloges
ſonantes) il commanda ſur le champ
que l'eſtranger fuſt amené à Pachin auec
ſon preſent, & on enuoya auſſi toſt à la
fortereſſe, où les noſtres eſtoient rete-
nus vn paſſeport auec les expeditions
neceſſaires. Le commandement du
Roy eſtant venu , apres auoir recouuert
les hardes depoſees entre les mains des

Mandarins, les noſtres s'acheminerent
à la Cour, où en fin eſtans arriuez ils furent logez dans le Palais Royal, où ils
dɩmeurerent long temps , le Roy print
vn ſingulier plaiſir au preſent des tableaux, & de tout le reſte que Macon
auoit eu en main, fors dɛs ſiures de Mathematiques, que le Pere retint par ce
qu'il en auoit affaire, & que Macon n'en
auoit point faict mention dans la liſte
qu'il enuoya au Roy: car combien qu'il
les euſt pris ſouz pretexte de les vouloir
enuoyer au Roy, auec les autres choſes,
neanmoins il les auoit depuis renfer-
mez en vne caiſſe du treſor, ſeelee de
ſon ſeau, auec vne Eticquette qui contenoit, que le P. Ricci portoit ces liures
auec ſoy, & qu'il les luy auoit confiſquez,
d'autant que par les Loix de la Chine,
il eſt deffendu d'apprendre les Mathematiques ſans permiſſion du Roy, &
qu'à ceſte cauſe il les auoit là mis, iuſqu'à ce que par ſa Maieſté autrement en
euſt eſté ordonné, & le Pere les retira par
vne particuliere prouidence de Dieu,
par ce qu'en luy rendant ſes hardes, il fiſt
inſtance pour r'auoir ſes liures, & vn
Mandarin ſans que Macon en ſceuſt

rien, fift prendre la caiffe où ils eftoient enfermez, & la luy fift porter comme elle eftoit, ne prennant pas garde (foit qu'il ne fceuft pas lire, où pour autre particuliere occafion) à la fuperfcription de l'etiquette. Et lors que le Pere la vit, hauffant les mains au Ciel, il remercia la Diuine Clemence, qui l'auoit deliuré d'vn fi grand danger. Ny Macon (comme Dieu voulut) ne s'en apperceut qu'apres que les noftres furent partis. Il depefcha incontinent vn courrier pour aller apres eux, lequel ne les ayant peu attaindre qu'à Pachin, où il les trouua logez dans le Palais du Roy, tant s'en faut qu'il euft la hardieffe d'en parler, que craignant que les noftres ne luy procuraffent quelque malencontre, il s'en retourna plus vifte qu'il n'eftoit venu.

Mais l'ennemy du genre humain qui n'auoit peu nous vaincre par la voye de Macon, comme celuy qui ne manque iamais de nouueaux artifices pour nuire, & de diuers ftratagemes pour empefcher la conuerfion des ames, fufcita contre les noftres vn des principaux Mandarins de la Cour, qu'ils nomment

Lipu, auquel appartenoit à cause de sa
charge, de presenter le don & l'expedition des Peres, qui estoient estrangers.
Ce Mandarin fist tant souz pretexte des
loix de la Chine qu'il alleguoit, qu'en
fin il delogea les nostres du Palais (qui
s'attendoient que leur affaire seroit
bien tost terminé) & les enuoya en des
maisons à l'escart, où les estrangers qui
viennent pour quelques affaires en
Cour, ont coustume de loger, attendant
leurs depesches, & ne peuuent sortir de
là, sans son congé particulier. Neanmoins nostre Seigneur permit que ce
Lipu s'appaisa vn peu par le moyen d'vn
autre grand Mandarin, qui obtint de
luy que les nostres pourroient aller librement par toute la ville quand ils
voudroient:ce qui n'est pas de peu d'importance pour l'expedition de leur affaire. Ce second Mandarin print les nostres en telle affection, qu'il les venoit
visiter trois & quatre fois de iour en
leur logis, ou pour mieux dire en leur
prison. Ceste grande frequentation luy
fist bien tost recognoistre (comme il
estoit prudent & aduisé) que ces gens
n'estoient pas comme ceux qui viennent

nent d'ordinaire à Pachin, faire des prefens au Roy, ou pour mieux dire luy
payer comme fes vaſſaux les recognoiſ-
fances & deuoirs, qui font gens barba-
res, groſſiers, & qui ne cherchent que
leur intereſt, encore que le Roy (qui fait
tant d'eſtat d'eſtre recognu des eſtrangers) leur face à tous beaucoup d'honneur, & d'autres auſſi par fon commandement, les traittent courtoiſement &
leur donnent tout ce qui leur eſt neceſ-
faire. Ce Mandarin qui recognoiſſoit
de iour en iour, ceſte grande difference
les affectionnoit de plus en plus, adiouſtant courtoiſie fur courtoiſie, iuſques à
les faire aſſeoir, ce qui ne fe fait point
parmy les grands Mandarins de Cour,
c'eſtoit vn homme fort curieux, de faiɕt
il pria le P. Ricci de luy enſeigner les
Mathematiques, à quoy il s'offrit tres-
volontiers non ſeulement en cela, mais
en toute autre choſe qu'il luy voudroit
commander : il luy a defia donné quelques leçons, dont il eſt tout rauy en ad-
miration, particulierement en vne demonſtration qu'il luy fiſt en Chinois,
pour prouuer que le Soleil eſtoit beaucoup plus grand, & la Lune plus petiɕ

que la terre. Il demeura comme hors
de foy, ne pouuant comprendre, comme
il auoit peu demonſtrer vne choſe ſi
grande en ſi peu de paroles, ſi ſubtiles
qu'il l'auoit auſſi toſt conuaincu, & ne
doutoit plus de ce qui auparauant luy
ſembloit impoſſible. Il emporta en ſa
maiſon ceſte demonſtration auec le reſte, que le Pere auoit traduit en Chinois
pour en retenir des copies. Et l'impor-
tune ſans ceſſe de laiſſer ceſte ſcience eſ-
crite en Chinois, pour éterniſer ſa me-
moire en ces quartiers. Le pere prend
par fois ſubiect de quelque paſſage de
ſa leçon à y entremeſler quelque choſe
de la *Foy de Ieſus-Chriſt*, & luy explique peu à peu vne plus certaine & ſubli-
me Matematique, laquelle il entend
volontiers. Le Pere luy a donné vn traicté des choſes morales, auquel il a pris ſi
grand plaiſir qu'il ne ſe laſſe point de le
louer, & a eſcrit à vn autre grand Mandarin ſon amy, qu'il taſche par tous moyens d'auoir ce traicté, par ce (dit-il)
que c'eſt vne choſe admirable.

Vn autre Mandarin, mais qui le ſur-
paſſe en auctorité, vint auſſi viſiter les
noſtres incontinent qu'ils arriuerent à

Pachin, à cause du grand recit qu'on luy en auoit fait, & dit qu'il veut estre leur disciple, par ce que la doctrine qu'ils enseignent luy semble fort conuenable, de laquelle il auoit eu cognoissance, par le moyen d'vn petit traicté de l'amitié composé par le P. Ricci qui luy estoit tombé entre les mains, & que ce liuret a esté cause que plusieurs Chinois se sont reconciliez, & fait de nouueau beaucoup d'amis. Ce Mandarin pour preuue de l'affection qu'il portoit au Pere le fist disner auec luy, & luy a promis toute assistance en son affaire. C'est vn homme franc, honoré d'vn chacun, amy du Mandarin qui estudie les Matematiques, de sorte que nous esperons en Dieu, que par leur moyen le Lipu fauorisera d'auantage nostre negotiation.

Pendant que les nostres estoient encore en ceste demeure escartee, ils furent aussi visitez d'vn qui est neueu du Roy d'apresent, fils de son frere, lequel les traicta fort courtoisement, & discourut long temps auec eux de diuerses choses. Ce qui a beaucoup seruy pour faire respecter les nostres. Car combien que l'Infant de la Chine n'aye aucune

Iurifdiction fur les Mandarins , en ce
qui regarde leur office , & que bien fouuent il ne foit pas tant accompagné
qu'eux, neanmoins il eft fort honoré &
refpecté d'vn chacun , & en vn certain
temps de l'annee, ils luy vont faire ie ne
fçay qu'elles ceremonies & compli-
mens. Il vint en vne cheze qu'on ap-
pelle d'eftat, accompagné de dix perfonnes au plus. Vn Boûze , qui eft fon mai-
ftre venoit auec luy , lequel s'affift le
premier, & le neueu du Roy apres , car
icy les difciples portent vn grand ref-
pect à leurs maiftres.

Les noftres eftans encore en ce mauuais logis , le Lipu fift vn Memorial au
Roy dans lequel il taxoit fort les Eunuques , & mal-parloit des Peres , mais
comme les Eunuques font auiourd'huy
les plus fauorifez du Roy , & toutes les
expeditions paffent par leurs mains , ce
memorial ne fut point refpondu. Ce
qui donna moyen à certains Mandarins
du mefme rang & dignité que le Lipu,
d'en dreffer vn autre pour fupplier fa
Maiefté , de faire autant de faueur
aux noftres , qu'aux Ambaffadeurs des
Sioniens qui viennent par le mefme

chemin de Canton, & à cauſe qu'ils
eſtoient venus d'vn pays beaucoup plus
lointain, de donner au P. Ricci l'habit
de Mandarin,& qu'on renuoyaſt les Peres à Canton ou à Quianſiuo, pour eſtre
eſcrits dans la matricule de la Chine,
ou bien renuoyez en leurs pays. Ils ad-
iouſterent ſur la fin que ſi ſa Maieſté ne
trouuoit pas à propos d'expedier les
noſtres, à cauſe que c'eſt choſe nouuelle
de receuoir des preſens des eſtrangers
& les traicter en ceſte façon,qu'il ſe ſouuint que c'eſtoit le propre d'vn Roy de
faire du bien aux eſtrangers qui eſtoient
venus de ſi loing, pour le grand renom
qu'ils auoient entendu de ſa courtoiſie,
& que les retenir ſi long temps en Cour
ce n'eſtoit que les conſommer en frais,
& les faire repentir de la bonne volonté
qu'ils auoient d'exalter le credit de la
Chine. Ce ſecond memorial n'eut non
plus de reſponſe. De ſorte que les noſtres voulurent donner le troiſieſme en
leur nom, mais le Lipu ne voulut pas
permettre qu'il fuſt preſenté au Roy,
ayant intention de conclurre cet affaire
de ſoy meſme, ce qui nous donne quelque eſperance, que la faueur diuine ſe

feruira des fufdits Mandarins pour donner quelque heureux fuccez à cefte entreprife.

On ne fçait pas au vray pourquoy l'on n'a pas refpondu aux deux memoriaux, mais tous ont bonne opinion de cefte longueur, & la plus part des Mandarins nous difent que le Roy veut que les noftres demeurent à Pachin, & qu'il n'a pas refpondu le premier memorial du Lipu, par ce qu'il ne trouua pas bon qu'il euft dit du mal des noftres, & du depuis euft permis qu'ils entraffent tant de fois au Palais, encore qu'ils n'euffent point parlé à luy, comme c'eft fa couftume pour monftrer d'auantage fa grandeur, de communiquer rarement auec les fiens, & encore moins auec les eftrangers.

Mais s'il eft loifible de faire coniecture de l'iffue de cefte affaire, de la bienuéillance des Mandarins enuers les noftres, nous éfperons (encore vn coup) que le Roy les expediera bien toft felon leur defir, dautant que fi les Mandarins le penfoient autrement, & qu'il y euft du danger de defplaire au Roy, & par confequent de perdre leurs dignitez

pour ce subiect, il est vray-semblable
(pour ne dire tout asseuré) qu'estans
gentils & politiques ils n'assisteroient
pas tant les nostres qui sont estrangers.
Pour le monstrer, les deux Mandarins
(desquels nous auons n'agueres parlé)
interposant leur authorité enuers le Lipu obtinrent permission de luy, que les
nostres peussent quitter leur premier
logis, & demeurer en tel cartier de la
ville que bon leur sembleroit. Maintenant ils se sont logez tout au milieu de
la ville, en vne maison & situation fort
commode, où ils peuuent receuoir plus
honnestement ceux qui les vont visiter,
& traicter de leur affaire en toute liber-
té, quoy qu'ils dependent encore du Lipu iusqu'à ce que le Roy les ait depes-
chez.

Que le present des nostres n'ait esté
fort bien receu (comme nous auons
dit) quand il n'y auroit autre chose on
le pourroit iuger du respect & de la reuerence qu'on porte aux tableaux : car
des personnes dignes de foy, raportent
que non seulement le Roy en faict
beaucoup d'estat, & que ceux qui demeurent dans le Palais les honorent,

mais auſſi les Mandarins. Car le tableau
de la tres-glorieuſe mere de Dieu &
touſiours vierge Marie, & le grand Horloge ſont en vn endroit du Palais, où il
n'eſt permis d'ětrer par priuilege ſpecial
qu'aux grands Mãdarins, & aux perſonnes graues qui obtiennent ceſte faueur
afin de pouuoir reuerer la mere de Dieu.
Au cõmencement le Roy tenoit aupres
de ſoy le pourtrait de noſtre Sauueur,
mais à preſent (ainſi que les noſtres ont
apris) il en a pris vne telle eſpouuãte, par
ce qu'il luy ſemble que c'eſt pluſtoſt vne
perſonne viue qu'vne image, qu'il n'oſe
le faire apporter deuant ſoy, & pour dire
vray c'eſt biẽ la raiſon que ceſte Maieſté
qui reluiſt au pourtrait du Seigneur des
Seigneurs face trembler ceſte grande
malice, dont le cœur du Roy eſt remply.
C'eſt peut eſtre la cauſe qui faict que dés
maintenant il commence à redouter la
preſence de l'Image de celuy, lequel
comme vn tres-iuſte Iuge le condam-
nera vn iour pour ſes grands meffaicts.

Il a touſiours auec ſoy le petit Horloge, & toutes les autres hardes. Tous
les iours quand la Reyne entre en la
chambre où eſt le tableau de la Reine

des Reines, elle le parfume d'encens, &
d'odeurs auec grande reuerence : puis
qu'elle est mere de misericorde, que ce
soit son bon plaisir , d'obtenir de son
tres-cher fils la lumiere pour ceste aueugle & superstitieuse Chinoise, afin que
descouurant la verité Euangelique , elle
quitte la vanité des Idoles.

Quand on sonne les grosses cimbales
le Roy se met en vn lieu eminent , auec
vne telle veneration, que les Musiciens
mesmes vont faire la reuerence à c'est
instrument comme à vn idole : & disent
que le Roy y prend si grand plaisir qu'il
veut que ses Eunuques apprennent plus
de diuerses sortes de sonner qu'ils n'en
apprirent lors que les nostres demeuroient dans le Palais. C'est à dire que
les nostres demeurent à Pachin, & re-
tournent dans le Palais afin qu'ils les
puissent plus aisement enseigner.

Voila sommairement ce que nous
auons sceu qui s'est passé depuis que les
Peres sont partis pour aller à Pachin,
nous attendons d'heure à autre des nouuelles de la derniere resolution d'vne
chose tant desiree, de tous ceux qui sont
en ceste mission, voire de toute la Com-

pagnie, pour estre de si grande importance, laquelle venant à succeder comme nous l'esperons, la porte sera toute
grande ouuerte à la conuersion qui a
esté fermee tant de siecles en ce grand
Royaume de la Chine.

Des residences de Nanchin & de Nancian.

LA residence de Nanchin est l'vne
des plus importantes de ceste mission pour estre la principale ville en laquelle nous ayons eu retraicte iusques à
present, & à cause qu'elle est assise presque dans le cœur du Royaume, d'où l'on
peut auoir communication auec toutes
les autres Prouinces, comme aussi par
ce que les Magistrats de ceste ville là
sont les premiers en puissance, & authorité apres ceux de Pachin, de sorte
qu'il importe grandement pour la predication de l'Euangile de les auoir tous
pour amis & fauorables.

D'ordinaire il y a eu deux Peres en
ceste maison, & comme il y a peu de
temps que ceste residence est commen-
cee, & celle qu'on pretend en Pachin

eſt encore en douté, le principal ſoin des
noſtres tout ce temps a eſté d'apprendre
la langue qui eſt dutout neceſſaire pour
preſcher aux Gentils la parole de Dieu,
& pour traicter auec eux meſmes de
leur conuerſion. Neanmoins on n'a pas
laiſſé aux occaſions qui ſe ſont preſen-
tees de planter en ceſte ville la foy de Ieſus-Chriſt. Car depuis le partement du
P. Ricci, neuf perſonnes de qualité ont
receu le ſainct Bapteſme, à ſçauoir deux
femmes de deux principaux Mandarins ; l'vn deſquels eſt deſia Chreſtien &
l'autre Catecumene, lequel eſt tellement accablé d'affaires qu'on n'a peu
iuſques à preſent acheuer de l'inſtruire
ez myſteres neceſſaires au ſainct Bapteſme, mais il vient trouuer ſon catechiſte
pour eſtre enſeigné, ſi toſt qu'il a quelque trefue d'affaires, & teſmoigne aſſez
le deſir qu'il a d'eſtre faict enfant de
Dieu par le moyen du ſainct Bapteſme.
Entre ceux qui ont eſté faicts Chreſtiens, il y a eu le fils de ce Mandarin
auec trois de ſes neueux, & vn autre
ieune garçon de belle eſperance, qui eſt
auſſi fils du Mandarin Chreſtien. L'vn
des deux autres eſt Ciuſai (qui eſt com-

me qui diroit Bachelier) & ſon fils c'eſt
vn homme docte qui a deſia paſſé par
l'examen de Quinquis ou licentié, qui
apprend aux noſtres la langue Chinoiſe.

Par ſon moyen deux de ſes freres &
autres ſiens parens parlent de ſe faire
Chreſtiens, & nous eſperons que toute
ceſte maiſon ambraſſera bien toſt la Foy
de Ieſus-Chriſt. Il arriua à ce Ciuſai
pendant qu'il eſtoit Catecumene de ſe
trouuer en la Compagnie d'autres Ciu-
ſais, qui paſſerent par deuant vn temple
d'Idoles, & eſtant inuité par ſes compagnons d'entrer, ſuiuant la couſtume des
Chinois pour adorer leurs Dieux, il leur
reſpondit qu'il adoroit le vray Dieu,
Seigneur du Ciel & de la terre & non
des Idoles, qui ne ſont que de bois & de
pierre, les Images d'hommes mortels,
de ſorte qu'il n'y voulut point entrer.
Depuis qu'il fut baptiſé paſſant par vne
rue, il vit en vne boutique de certains
draps, bien faicts & artiſtement elabou-
rez de diuerſes couleurs, il en acheta
deux morceaux qu'il vint offrir à noſtre
Seigneur pour en couurir l'autel, comme en ſigne de quelque recognoiſſance
de la grace qu'il auoit receue de la

bonté infinie, qui l'a illuminé de la lumiere de la saincte Foy Catholique, le faisant Chrestien.

Vn des nostres visitant vn sien amy qui estoit venu à Nanchin, & l'ayant trouué auec des personnes de qualité, vsant de l'occasion que cet amy luy auoit faict naistre (qui veut faire cognoistre à ses compagnons le Pere & sa Loy) il leur declara que la Loy qu'il preschoit n'estoit pas seulement de son pays, mais que Dieu Createur de toutes choses l'auoit donnee à tout le monde, & partant que tous les hommes estoient obligez à la garder. Durant son discours l'vn des auditeurs qui estoit Medecin & fils de Mandarin, luy fist ceste question, si en ceste Loy vn meschant & qui auroit passé la plus part de sa vie en vices & pechez, pouuoit deuenir vertueux : à quoy il respondit que pendant que l'homme est en ceste vie, quelques pechez enormes qu'il puisse auoir commis, neanmoins s'il se conuertist à Dieu d'vn cœur contrit, il peut paruenir à vn haut degré de saincteté, dequoy le bon Medecin demeura tant satisfait qu'il demanda humblement au Pere qu'il

Iuy permit de l'aller trouuer, & entendre fa doctrine, comme il a defia faict
donnant de grandes indices de fa con-
uerfion:il fçait defia la plus part du Catechifme, & a eftudié quafi toute la doctrine que le Pere luy explique, auec efperance de le rendre bien toft iouiffant
de fon defir. La deuxiefme fois qu'il vint
trouuer le Pere, il luy donna vne declaration par efcrit, par laquelle il tefmoi-
gnoit affez le regret qu'il fentoit de n'a-
uoir pluftoft cogneu Dieu, & d'auoir
perdu tant de temps au feruice des dia-
bles, en voicy la teneur. Ie Tam homme de peu d'entendement ay vefcu 34.
ans en vain, eftant vn perdu & mal
conditioné dez mon enfance, & dez
l'heure que i'ay commencé à porter le
bonnet (venant à l'aage de 20. ans aueuglé & cheminant en tenebres, ie per-
dis la verité principale, & m'addonnay
à fuiure la doctrine de deux hommes
autheurs de Bouzes & d'Idoles) fans
fçauoir la ferme raifon, i'ay efté comme
tranfporté des vagues de la mer. Mais
hier lifant le liure qui traicte du vray
Dieu, i'ay commencé à entendre que le
tres-haut eft Dieu. Ie m'eftime bien-

heureux de laiſſer le mauuais ſentier
pour ſuiure le grand chemin. Maintenant que i'ay rencontré ce maiſtre fameux qui m'enſeigne, ie prendray la
hardieſſe de receuoir auec toute reuerence ceſte Loy excellente, & deſire
humblement que ce tres-honoré maiſtre me face ceſte grande faueur & courtoiſie de m'admettre pour ſon diſciple,
afin qu'eſtant iour & nuit prez de luy,
i'eſcoute ſes profonds diſcours, en ce faiſant i'obtiendray ce que ie deſire. Voila
ſa declaration.

Par le moyen de ce Medecin nous
eſperons que Dieu donnera vne veuë
ſpirituelle à ces aueugles gentils, les ti-
rant des tenebres mortelles de l'idolatrie à la cognoiſſance ſalutaire de ſon
Euangile. Encore qu'en ce qui concer-
ne les conuerſions, les noſtres s'y comportent auec beaucoup de conſidera-
tions ſpecialement en Nanchin, iuſques
à ce que nous ayons receu de Pachin la
licence du Roy, afin que les noſtres
puiſſent demeurer és autres Prouinces
de la Chine, c'eſt ce qui ſe peut dire
quant à preſent de Nanchin.

Nous n'auons peu retirer de Nam-

cian à caufe de l'indifpofition du Pere
qui y eft demeuré feul depuis que le P.
Ricci eft allé à Pachin, vne relation
complette, tant de la conuerfion, que
conuerfation des Chreftiens, que d'autres chofes particulieres de grande edification qui y font aduenues cefte annee. Seulement nous pouuons dire en
general qu'on à eu foin de fe maintenir
ez bonnes graces & amitié des principaux & Mandarins qui y font refidens,
& de faire de nouueaux amis. D'autant
que Naucian eft la ville Capitale de la
Prouince de Quianfi, & partant habi-
tee des principales Noblefles, comme
font les defcendans des Rois de la Chine, car c'eft la couftume que les proches
parens ne fe tiennent pas en Cour, ains
en des Prouinces efloignees, auffi que
les vieils Mandarins qui font difpenfez
du feruice s'y retirans, il eft neceffaire
d'acquerir leur bienueillance pour pouuoir prefcher la parole de Dieu en temps
& lieu. A cefte occafion on a faict des
Chreftiens (comme nous auons dit de
Nanchin) auec beaucoup d'efgard, d'autant que ces gens cy qui font puiffans
fouz pretexte du moindre degouft qu'ils

auroient receu de nous, ils nous pourroient faire vn grand tort, & empefcher
plus qu'on ne penfe, la conuerfion de
cefte Gentilité. Nonobftant le Pere en
traictant auec les nobles & autres taf-
che, de couler dextrement en fes difcours quelque chofe de noftre faincte
Foy, à quoy ils preftent l'aureille atten-
tiue.

De la refidence de Sciauceo.

D Eux des noftres, à fçauoir vn Pre-
ftre & vn frere, ont demeuré continuellement en cefte refidence, qui ont
efté affligez de maladies, dont il y en a
eu grand cours en ce territoire de Sciauceo, de longues & mortelles, de façon
qu'à peine y a il vne maifon qui n'ait
pleuré fon mort, noftre Seigneur a re-
compenfé les trauaux de leur infirmité
d'vn grand repos, dont les noftres ont
iouy durant ce temps là, à quoy a beaucoup aidé vne patente fauorable que le
Gouuerneur de la ville leur a donnee,
par laquelle il préd les noftres en fa pro-
tection, & defend à toutes perfonnes de
les molefter, fur peine de chaftier les

trans-greſſeurs auec toute ſeuerité &
rigueur. En outre il donnoit congé au
Pere, que s'il trouuoit quelqu'vn qui le
vouluſt outrager, de le pouuoir enuoyer en priſon par vn miniſtre de la Iuſti-
ce, mais les noſtres ſe ſont contentez
qu'on ſceuſt qu'ils l'auoient. Chacun
voyant l'affection que les Mandarins
leur portent, les traicte touſiours auec
beaucoup de reſpect & de courtoiſie.

Quant à la conuerſion encore que les
noſtres n'ayent manqué d'y apporter
toute la diligence, & d'vſer d'adreſſe &
induſtrie pour ce regard, diſcourant librement auec vn chacun de ce qui con-
cerne leur bien ſpirituel, neanmoins on
n'a peu entierement obtenir ce que l'on
pretendoit, à cauſe de deux ou trois empeſchemens, dont le premier a eſté la
maladie, de laquelle Sciauceo n'eſt
exempte, que depuis quatre ou cinq
mois : le ſecond a eſté que l'arriuee des
noſtres à Pachin, leur a eſté faict ſçauoir
bien tard, laquelle a eu d'autant plus
d'effort parmy ceſte nation graue & ſpe-
culatiue (comme ſont les gens de lettres) qui demeuroit en ſuſpens pour
ſçauoir comme le Roy recueilliroit

ceſte Ambaſſade , & le preſent que les
noſtres luy portoient. Le troiſieme &
le plus grand c'eſt que ceſte nation eſt
par trop attachee à ſes idoles,deſquelles
encore que la Chine en ſoit remplie
neanmoins ils les en reſpectent d'auantage. De ſorte que quand les noſtres
leur parlent d'abatre ces nids de Satan
ils l'aprehendent,comme la plus grande
ruine qui ſe puiſſe au monde, & croyent
qu'apres cela le Ciel leur doit tomber
ſur les eſpaules. Et quoy que ceux qui
diſputent de ceſte matiere , demeurent
conuaincus par les noſtres; voire perſua-
dez que leurs Dieux ont eſté des hommes mortels,& qu'ils ne ſçauroient ſur-
uenir aux neceſſitez de leurs clients de-
uots, ny en leur vie ny en leur mort:
neanmoins de peur d'eſtre tous deſ-
obeiſſans (comme ils diſent) & meſpri-
ſeurs du commandement de leurs pre-
deceſſeurs chaſſant de leurs maiſons les
anciens protecteurs de leurs familles,
ils ne ſe peuuent reſoudre à les oſter de
leur maiſon. C'eſt pourquoy quelques
vns de nos amis aueuglez de ceſte paſſion execrable & affection qu'ils portent aux Idoles, ne pouuans ſouffrir

qu'on les perfecutaſt d'vne haine irré-
conciliable, nous confeilloient de faire
la paix auec eux, & permettre qu'ils fuffent adorez auec le vray Dieu, comme
les Vaſſaux, auec leur Roy, qu'en ce faifant les Chinois, fe conuertiroient de
iour en iour à centaines & à milliers, ces
infenfez ne prenaus pas garde qu'il ne
peut y auoir d'accord entre Iefus-Chriſt
& Belial, & que l'Idole Dagon ne peut
demeurer debout deuant l'Arche de
Dieu.

Nonobſtant tous ces empefchemens
il a pleu à noſtre bon Dieu de confoler
les ſiens de la conuerſion de 105. perfonnes qui ont eſté baptifees : parce que
ceſte reſidence eſtant la plus ancienne,
& plus proche du port, où font les Portugais, on ne procede pas auec tant de
preuoyance, qu'ez autres lieux, à prefcher l'Euangile & conuertir les infide-
les, on y va librement & fans autre ref-
pect. Tous ces Chreſtiens par la grace
de Dieu, ont donné de grandes preuues
d'vne ferme conuerſion, comme l'on
pourra iuger de ce que ie vais dire, &
afin que mon difcours foit plus clair, ie
le reduiray en deux points principaux,

au premier ie traicteray de ce qui les regarde tous en commun, adiouſtant quelques exemples d'edificatior : iu deux.eſ-
me ie rapporteray, combien il s'eſt faict
de miſſions aux terres circonuoiſines.

Mais craignant de laiſſer en arriere
ce qu'il me ſemble qu'on doit eſcrire du
bapteſme des femmes, auant que d'entrer au premier point, ie diray de cela,
comme de choſe d'autant plus agreable
qu'elle eſtoit moins eſperee des noſtres,
eſtimans qu'il leur ſeroit impoſſible de
s'employer quant à preſent à la conuerſion des Dames Chinoiſes. Car elles
ſont tellement retirees en leurs maiſons qu'elles ſemblent à des Religieu-
ſes Clauſtrales : de ſorte qu'elles ne trai-
ctent en façon quelconque auec les
hommes de dehors, non pas meſme
auec leurs parens, s'ils ne leur eſtoient
bien proches. Quand elles ſont con-
trainctes de traicter d'affaires auec d'autres, elles ſe cachent derriere la porte
ou derriere quelque rideau, de maniere
qu'on ne les peut voir au viſage. Lors
qu'elles ſortent de la maiſon, ce qui
n'arriue gueres ſouuent, on les porte dans des chezes fermees des quatre

coſtez, fors qu'à gauche & à droit, il y a
de petites ialouſies, par où elles peuuent voir ſans eſtre veuës. A l'occaſion
de ceſte couſtume, les peres de ceſte miſſion de la Chine, auoient reſolu d'vn
commun aduis, de n'entreprendre point
pour le commencement de les baptiſer,
ains de viſer ſeulement à la conuerſion
des hommes. Depuis le Pere de ceſte
reſidence ſe voyant preſſé par ceux qui
eſtoient deſia Chreſtiens de baptiſer
leurs femmes, il en aduertit nos Supe-
rieurs & ceux des autres reſidences,
la façon qu'on y deuoit garder ayant
eſté louee, & approuuee d'eux tous en
fin, on a commencé ceſte annee à les
baptiſer. Il n'eſt point neceſſaire que
les noſtres prennent la peine de les Ca-
techiſer, d'autant que leurs maris, leurs
enfans & leurs freres nous ſoulagent de
cela. De maniere que quand elles ſont
preſtes de receuoir le bapteſme, leurs
maris & leurs parens s'aſſemblent en la
maiſon de quelque homme de qualité,
là on prepare vn autel, auec tout ce qui
eſt requis, le Pere y va & en la preſence
de tous ſans bouger de ſa place, il faict
reciter à chaſque Catecumene la do-

ctrine Chreſtienne, depuis le commencement iuſques à la fin, & leur faict re-
peter tout ce qu'elles ont apris des principaux myſteres de noſtre ſaincte Foy.
Ce qu'elles font auec vne telle promptitude, qu'il eſt à douter, ſi l'on ſe doit
pluſtoſt eſmerueiller de leur viuacité,
à apprendre le Catechiſme, & à le reciter en cet examen, ou du courage qu'elles teſmoignent, de ne trouuer point
eſtrange d'eſtre veuës & examinees par
des eſtrangers, choſe qui leur eſt fort
nouuelle en la Chine. Apres l'examen
s'enſuit le ſainct Bapteſme, & apres on
leur donne à toutes vn chapelet auec
vne medaille. Ceſt ordre que nous
gardons aux bapteſmes des femmes a
eſté trouué par experience pour le plus
aſſeuré, & qui eſt de tres-grande edification aux Gentils & aux Chreſtiens.

Il eſt arriué quelques fois que les maris conduiſans leurs femmes Catecumenes, au lieu où on les deuoit baptiſer,
il s'y eſt rencontré des femmes Genti-
les, & quand on leur demandoit pourquoy elles eſtoient venues, & ce qu'elles cherchoient, elles reſpondoient que
elles auoient auſſi volonté d'eſtre Chre-

stiennes, & que pour cet effect elles s'e-
ftoient trouuees là, fçachans defia la doctrine Chreftienne: le Pere ne fe conten-
tant pas de cela faifoit venir leurs maris,
& apres auoir fceu leur volonté, les ba-
ptifoit, lefquelles par leurs vertueux
exemples, attiroient en fin leurs maris
à fe faire Chreftiens. Voila ce qui m'a
femblé à propos touchant le baptefme
des femmes, ie reuiens au premier
point.

Ie pourrois redire tout ce qui s'efcri-
uit l'an paffé des exercices des vertus ef-
quels ces nouueaux Chreftiens s'em-
ploient, comme d'affifter à la Meffe &
aux predications qui fe font les Diman-
ches & les Feftes de commandement.

Il eft certain que ce n'eft pas vn petit
bien-faict de noftre Seigneur, qu'ils
continuent en cefte façon, eftant chofe
extraordinaire en quelque fecte de la
Chine que ce foit, de s'affembler fi fouuent, mefme à cefte heure que nous n'a-
uons acuns attraicts exterieurs, comme
de Mufique, de voix & d'inftrumens, de
faire des Proceffions & chofes femblables, aufquelles les Chinois prennent
vn fingulier plaifir. Plufieurs en ont
defia

desia faict instance au Pere, lequel les
entretient de belles paroles iusqu'à ce
qu'il plaise à Dieu pouruoir ceste missió
de ce qui luy est necessaire. Ils viennent
à l'Eglise les principales Festes, plustost
qu'à l'accoustumé, & en plus grand
nombre de la ville & des villages,& specialement le iour consacré à la Purifi-
cation de la tres-pure mere de Dieu la
Vierge Marie, ils se montrerent fort de-
uots & diligens, le iour d'auparauant ils
firent eux mesmes les chandelles & les
apporterent à nostre maison pour imprimer au bout le tres-sainct nom de
Iesus, & le iour suiuant ils ouirent la
Messe portans leurs chandeles allumees
en leurs mains, & honorerent ce tres-
diuin Sacrifice.

Par le moyen de ceste assiduité à la
Messe & aux predications, la Diuine
bonté communique à ces Chrestiens vn
grand desir de se confesser, auant qu'on
leur ait declaré le precepte d'vn tel Sacrement, & la maniere de se confesser.
De sorte qu'il s'en est trouué lesquels
auoient escrit leurs pechez commis auparauant le Baptesme & de toute leur
vie, & estoient resolus & disposez à se

confeſſer publiquement en la preſence
de tous les Chreſtiens, penſans qu'il falloit faire ainſi, & l'euſſent faiçt ſi on ne
leur euſt enſeigné la maniere dont ils
s'y deuoient comporter. Il y en a eu pluſieurs autres leſquels venans tantoſt
deux, tantoſt trois en noſtre maiſon demandoient le Pere, & lors qu'il eſtoit
venu à la porte, ils proſternoient leurs
faces en terre, & apres l'auoir touchee
de la teſte trois ou quatre fois eſtans à
genoux, ils commençoient à dire leurs
pechez. Le Pere les faiſoit incontinent
taire & leuer debout, leur enſeignant
comme il falloit faire la confeſſion: pluſieurs de ceux là, ont deſia commencé à
ſe confeſſer ſelon la couſtume des Chreſtiens, auec vn grand profit pour eux, &
beaucoup d'edification pour les autres.

De là vient que ces Chreſtiens qui
deſirent d'eſtre bien auec Dieu, s'ef-
forcent auſſi de ſe remettre bien auec
leur prochain, retranchant tout ſubieçt
de ſcandale: en ce faiſant, pluſieurs que-
relles ont eſté appaiſees ceſte annee, pluſieurs procez terminez, qui fuſſent allez
deuant les Mandarins, au grand meſpris
de toutes les deux parties. Que s'il ar-

riue qu'ils chopent, comme eſtans hommes & facent quelque faute, ils en viennent rendre compte à leur Pere ſpirituel le pluſtoſt qu'ils peuuent, & luy demander le remede, ſe ſoumettans promptement à toute ſorte de penitence:
ainſi qu'il arriua à vn vieillard, lequel
ſe trouuant en la compagnie de quelques Payens ſes amis, il entra auec eux
en vn temple d'Idoles, & ne prennant
pas garde à ſoy, il fiſt la reuerence à l'I-
dole auec ſes compagnons. Depuis il ſe
vint accuſer au Pere, & ne pouuoit ſe
conſoler de la faute, voyant d'vn coſté
qu'il auoit offenſé la Maieſté Diuine, &
d'autre part qu'il auoit donné occaſion
de ſcandale à ſon prochain, quoy qu'il
n'euſt eſté apperceu d'aucun Chreſtien,
& que meſme les Gentils ne s'en e-
ſtoient point aduiſez.

Ie diray le meſme d'vn enfant Chreſtien, lequel ſe trouua en la maiſon d'aucuns ſiens parens Gentils, pendant que
ils celebroient ie ne ſçay qu'elle Feſte à
leurs Idoles, il fiſt (ce qu'il auoit accouſtumé auparauant le Bapteſme) la reuerence à l'Idole. Mais s'eſtant ſouuenu
depuis de ſa lourde faute, il le vint dire

à son pere qui estoit Chrestien, lequel accourut auec son fils vers les nostres, pour leur declarer ce qui leur estoit arriué, le fils s'agenouilla en terre & en demanda vne si bonne penitence, qu'il deuint vne autrefois plus aduisé, & que cela le detournast de plus commettre de semblables fautes.

Vn peu apres quelque autre nouuellement baptisé, voyant que son Iardin estoit bruslé de l'ardeur du Soleil, ce miserable pensa que cela luy arriuoit en punition de ce qu'il auoit renié le Dieu des Iardins nommé Thuti. Ceste impie, & folle imagination, estant fomentee de l'ancienne coustume, eut tant de pouuoir sur luy qu'il dressa vn iour vn Thuti dans le coin de son Iardin & commença à l'adorer : Dieu permit qu'il fut descouuert par vn autre Chrestien son voisin. Ce qui le fist reuenir à soy & se douloir de son grand peché, duquel il vint promptement demander pardon au Pere, qui apres l'auoir aigrement repris comme le cas y escheoit, il luy imposa pour penitence d'aller demander le mesme iour pardon du scandale, qu'il auoit donné à ce Chrestien, & qu'il print le Thuti en sa presence, & le dechiraſt en mille pieces de ses propres mains : & que le iour d'apres il luy vint dire ce qu'il auroit faict, & amenaſt auec luy le Chreſtien pour teſmoin. Ce qu'il accomplit auec vne telle promptitude que parauanture il gaigna plus par sa penitence, qu'il n'auoit perdu par son peché.

Ceſte louable couſtume de faire satisfaction en la maniere suſdicte, s'obſerue non seulement és pechez publics, mais auſſi és secrets que d'aucuns ſçauent, pour exterminer toute sorte de ſcandale. Et cela a deſia paſſé en regle ordinaire, que ceux qui commettent la faute en demandent pardon aux autres. A ce propos ie ne peux ſupprimer ce que fiſt vn Chreſtien de Sciauceo. Il s'eſtoit tellement addonné à la fauſſe & impudente temerité de predire les choſes futures, qui dependoient de la volonté humaine, qu'encore que les noſtres l'en euſſent repris & blaſmé pluſieurs fois il ne s'en eſtoit peu corriger. De sorte qu'il fallut y apporter de plus forts remedes, luy defendant l'entree de l'Egliſe, & la frequentation des autres

Chreſtiens. Mais ny pour cela ce mal-
heureux, pipé de ie ne ſçay quel applau-
diſſement du vulgaire ignorant, ou
aueuglé du gain, ou bien emporté de ſon
caprice, ne laiſſoit de ſeduire les autres
auec ſes vaines fantaſtiqueries. Il demeura en ceſte ſorte allant apres ſes folles imaginations, qu'il bailloit aux cre-
dules pour la pure verité, iuſques à ce
que noſtre Seigneur y mit ſa main puiſ-
ſante pour le retirer de cet eſtat miſera-
ble par vne groſſe maladie de laquelle
penſant mourir, il recogneut que ſes
pechez auoient bien merité ce chaſtiement de Dieu. C'eſt pourquoy il enuoya querir vn Pere, & luy fiſt grande inſtance qu'il l'aidaſt (comme la charité le
requeroit) en ceſte extreme neceſſité &
l'ouïſt en confeſſion. Le Pere craignant
que ſes paroles ne fuſſent feintes, parce
qu'il ſçauoit, qu'alors il n'eſtoit point en
danger de mort (ainſi que le glorieux
ſainct Auguſtin racomte d'auoir faict le
meſme à vn autre qui ne luy demandoit
ſinon d'eſtre reconcilié auec la ſaincte
Egliſe) il differa pour quelques iours
d'y aller. Le malade voyant cela, & deſi-
rant de donner vne preuue aſſeuree de

ſa repentance il luy enuoya à la fin tous
les liures dont il ſe ſeruoit pour deui-
ner, afin qu'il les bruflaft en ſa preſence,
ce qu'il n'auoit pas voulú faire luy meſme, de peur qu'on ne l'en euſt pas voulu
croire. Le Pere ayant veu ceſte reſolu-
tion le vouloit aller voir & conſoler,
mais il n'en fut point beſoin par ce que
le malade ſe trouua guary tout à coup,
& s'en vint à noſtre maiſon demander
pardon des fautes paſſees, auec vn ferme propos, de mener à l'aduenir vne autre vie conuenable à vn bon Chreſtien.
Le Dimanche ſuiuant apres la Meſſe en
la Chapelle deuant tous les Chreſtiens
qui y eſtoient aſſemblez, il ſe mit à genoux & confeſſa ſon peché auec vne
grande contrition diſant en ceſte ſorte.
Ie ſçay bien mes freres que le ſcandale
& le mauuais exemple que ie vous ay
donné depuis tant d'annees eſt notoi-
re à vn chacun, c'eſt pourquoy ie viens
maintenant à vous en demander pardon à tous, & vous faire ſçauoir le ferme
propos que i'ay d'amander auec l'aide
de Dieu ma mauuaiſe vie paſſee. Ie vous
confeſſe plus que ie n'ay iamais creu à
mes diuinations, que ie ſçauois aſſeuré-

D iiij

ment eftre fauffes & controuuees pour mon profit, & pour eftre loué du peuple. Par tant ie vous prie par l'amour & reuerence que nous deuons à Dieu que perfonne ne fuiue mon mauuais exemple, s'il ne fe veut trouuer trompé, comme ie le fuis à prefent. De moy i'aymerois mieux mourir, que de commettre iamais ce dont ie m'accufe maintenant.

Ie mis entre les mains du Pere les liures de ma ruine, pour me deliurer en les bruflant du feu Eternel, & touuer le vray refrigere. Ce Chreftien demanda pardon en femblables termes, & vit à cefte heure en telle maniere, qu'encore qu'elle foit trop baffe pour fa condition elle eft neanmoins fort affeuree pour fon falut.

Nous deuons louer la Diuine Maiefté, de l'horreur & de la haine que portent ces Chreftiens aux Idoles, & encore plus de la fainéte hardieffe dont ils les perfecutent & fracaffent. Ie diray à ce propos deux accidens.

Il y auoit vn iour certains Catecumenes affemblez en vne maifon, à difcourir de diuerfes chofes de la Foy de Iefus-Chrift, il y furuint vn Chreftien

nommé Placidus , feruent & zelé à
l'honneur de Dieu, deuant lequel on
continua le propos entamé, & entre autres on vint à parler des Idoles, Placidus
demanda au maiſtre de la maiſon ce
qu'il auoit faict de ſes Idoles, il luy reſpondit qu'il les auoit iettees deſſous ſon
lit. Comment (dit Placidus) ne ſçauez
vous pas qu'il eſt neceſſaire de nettoyer
tellement la maiſon de ceſte peſtilence
les bruſlant ou iettant en la riuiere,qu'il
n'y en reſte aucune odeur ? Ie le ſçay fort
bien (diſt l'autre)mais qui ſera le courage qui pourra faire cela ? Malheur à toy
malheur (repliqua Placidus) qui crains
que le bois & la pierre puiſſe nuire.
Baille les moy viſtement , Ie te veux
monſtrer auiourd'huy plus clair que le
iour du midy , qu'ils n'ont aucune puiſ-
ſance ainſi que tu penſe fauſſement. Et
prenant vne hache en main, il les mit
par morceaux comme ſi c'euſſent eſté
des ſabots. Et d'autant que les Chinois
font le ventre creux à ces ſtatues de bois
& l'eſtomac auec de certains filez de fer
qui ſe plient comme on veut, puis ils les
peindent en couleur de chair. Placidus
fendant l'Idole aupres du ventre,com-

mença à dire. Ie vous veux faire voir
maintenant si ce que disent les Gentils
est vray que les Idoles sont de chair par
le dedans:ne voyez vous pas les filez de
fer aussi entiers comme quand l'ouurier
les y mit? Approchez approchez vous
plus prez & les maniez pour voir si ceux
cy sont conuertis en chair? Que cela
demeure donc pour vne ferme verité au
cœur d'vn chacun de nous, que les Idoles n'estans que des morceaux de bois &
de pierre, ils ne sçauroient faire tort
d'vn poil aux hommes, ne craignez
donc point de les brusler & ietter loin
de vous suiuant le commandement de
la Loy de nostre Seigneur Iesus-Christ.

Par ceste experience ils demeurerent
tous asseurez (specialement ceux qui
estoient en cela obscurcis de quelque
nuee d'ignorance) & resolus de faire du
pis qu'ils pourroient aux Idoles qui
tomberoient entre leurs mains. De sorte qu'on tient pour chose certaine,qu'il
n'y a pas vn Chrestien qui ait vn Idole
en sa maison ne chose qui en approche.

Vn ieune garçon aussi tost que nostre
Seigneur l'eut illuminé, desirant d'vne
affection vrayement filiale, la conuer-

fion de fa mere veufue & agee, s'effor-
ceoit de luy communiquer quelque ra-
yon de la lumiere qu'il auoit receue,
l'exhortant d'apprendre la doctrine
Chreſtienne, & de ietter hors de fa maifon les Idoles qui eſtoient dans fon ora-
toire. Mais quoy qu'elle print gouſt à
noſtre doctrine, neanmoins (foit par
vne affection facrilege, dont elle eſtoit
tellement enlacee, qu'elle ne fe pouuoit
refoudre à fuiure le fainct Confeil de
fon fils, ou pluſtoſt que la crainte, qui
maiſtrife d'ordinaire les vieilles gens
fpecialement les femmes, la retint, par
vne fauffe imagination de chaſtiement,
de faire, ce que ne faifant pas elle deuoit
eſtre tres-fcuerement chaſtiee) elle n'a-
uoit pas le courage de fe defueloper de
ces pieges de Satan, iufqu'à ce qu'on luy
rapporta ce qu'auoit faict Placidus, que
la pauure incredule en voulut voir l'experience de fes propres yeux. Elle diſt
donc à fon fils, que s'il pouuoit couper
la teſte aux Idoles fans en eſtre puny
qu'elle croiroit qué ce n'eſtoient que de
vaines menteries. Le fils ayant entendu
cela print vn petit coutelas auec lequel
il decapita toutes fes Idoles l'vne apres

l'autre, & en fift du bois pour fe chauf-
fer, puis il fe tourna vers fa mere difant.
Et bien me voicy fain & fauf, ou font
vos Idoles?que dictes vous maintenant?
Elle qui n'auoit point voulu croire en
paroles,adioufta aux effets, & fe foumit
à la verité,commençant deflors par l'inftruction de fon fils à fe preparer au baptefme. Le fils apporta trois teftes qu'il
auoit coupees, pour feruir de trophees
de la victoire qu'il auoit remporté de
l'Idolatrie, & rendit comte au Pere en
prefence des Chreftiens qui eftoient en
l'Eglife de tout ce qui s'eftoit paffé dont
ils furent grandement edifiez.

Par ces exemples on peut iuger combien ces nouueaux Chreftiens s'effor-
cent de bannir entierement les Idoles
de leur pays.Refte de racomter (comme
nous auons promis) quelques points
remarquables.

Vn homme de bien qui auoit efté
tout le temps de fa vie aduocat, & à ce
que l'on dit fort entier,eftant paruenu
en l'an 75. de fon age, tomba en vne fi
groffe maladie que fe voyant à la fin de
fa vie, par la perfuafion d'vn fien fils
Chreftien depuis quelques annees en

ça, se resolut de receuoir le sainct Baptesme. Il fist appeller vn de nos freres
pour estre Catechisé, & le bon vieillard
profitoit en tout ce qu'on luy expli-
quoit l'vn apres l'autre: vn iour le Cate-
chiste estant tombé sur la fausseté des
Idoles, il trouua son Catecumene si
changé, que ne pouuant plus supporter
la verité qu'on luy en disoit, il licentia
son maistre, en resolution de ne passer
plus auant. Le frere voyant l'obstina-
tion du vieillard, lequel pire qu'vn aspic
sourd, bouchoit les aureilles à toutes
les raisons qu'on luy alleguoit, s'en reuint à la maison. Neanmoins estant de
nouueau exhorté par son fils d'entendre
le Catechisme, se resueillant comme
d'vn profond sommeil, il ouurit les aureilles, à ce que n'agueres il n'auoit peu
entendre, & s'apperceuant de la faute
qu'il auoit commise il commença à dire
en s'en plaignant. Malheur à moy,
malheur qu'est ce que i'ay faict? qu'est-
ce que i'ay faict? & se tournant vers son
fils, il luy dist, Retournez mon fils à la
maison de ces predicateurs, & leur dictes que ie suis plus que resolu, de ietter
les Idoles hors de ma maison, auec mille

maledictions. Le fils bien ioyeux de ces
propos accourut le dire aux noſtres, de
ſorte qu'il y alla vn Pere pour le confir-
mer en ceſte ſaincte intention & apres
qu'il eut eſté Catechiſé il receut le bapteſme. Dont le bon vieillard ſe trouua
tellement conſolé, qu'il enuoya trois
de ſes enfans pour remercier le Pere du
grand bien qu'il luy auoit faict de luy
adminiſtrer le Sacrement de bapteſme,
monſtrant par là, le contentement qu'il
receuoit d'vne telle grace. Le Pere en
prennant congé de luy, luy laiſſa vne
Image de noſtre Sauueur, ſur laquelle ce
nouueau Chreſtien eut touſiours les
yeux fichez pendant qu'il veſcut, & fit
vne heureuſe fin.

Vn garçon de la Prouince d'Ocam
eut ſi grand deſir de s'addonner aux choſes ſpirituelles qu'il abandonna ſon pays
pour venir en la Prouince de Canton,
chercher quelque maiſtre fameux lequel luy enſeignaſt le vray chemin. Noſtre Seigneur qui le guidoit, fiſt qu'il
rencontra vn de nos freres qui venoit
de Nancian. Lequel (comme c'eſt la
couſtume entre voyageurs) s'accoſtant
de ce garçon commença à luy diſcourir

des choses spirituelles, l'autre voyant qu'il luy descouuroit ce dont il estoit en peine, s'en vint au logis auec le frere, où ayant demeuré quelques mois il se resolut en fin de se faire Chrestien, & mit ez mains des nostres, les Idoles qu'il portoit quant & soy, & apres auoir apris en peu de iours le Catechisme il fut baptisé.

Deux enfans d'vne fort honorable veufue, oyans dire que les nostres enseignoient la voye par laquelle il faut aller au Ciel, le rapporterent à leur mere, laquelle desirant estre asseuree de cela, enuoya ces enfans en nostre maison, où ils se rendirent fort attantifs à ce que les autres de leur aage faisoient, & apprirent auec eux la doctrine qu'on leur enseignoit. Tous deux demanderent fort modestement, qu'ils peussent ouyr le Catechisme, mais à cause qu'ils estoient enfans d'vne veufue, les nostres n'estimerent que ce fust chose d'edification, de les faire entrer seuls en la maison, & ne trouuans en leur quartier d'autres enfans, auec lesquels ils peussent estre ensemblement instruits, ils prierent instamment vn vieil Chrestien leur voisin

qu'il les vouluſt accompagner pendant
qu'ils viendroient apprẽdre la doctrine
Chreſtienne,& leur ſeruir de parrain,ce
qu'il fiſt auec beaucoup de charité, pour
le ſecours ſpirituel de ces ames. Ces enfans aſſiſtez de luy furẽt inſtruits ez myſteres de la foy Chreſtienne , & baptiſez
au grand contentement de leur mere,
laquelle ayant ietté ſes Idoles , & apres
le Catechiſme auec l'expoſition que ſes
enfans luy monſtrent, s'attend d'eſtre
baptiſee au premier baptefme qui ſe fe-
ra bien toſt aidant Dieu.

Vne autre veuſue fort ſoigneuſe de la
bonne nourriture de ſes enfans,voyant
paſſer tous les iours deuant ſa porte des
perſonnes qui venoient de chez nous
voulut ſçauoir que cela ſignifioit,elle en
demanda l'occaſion à ie ne ſçay qui , lequel luy dift que les noſtres preſchoient
vne nouuelle Loy du grand Occident,
par le moyen de laquelle on paruenoit
à la felicité celeſte, qu'à ceſte fin ceux
qu'elle voyoit les frequentoient. Ces
paroles ne tomberent pas à terre, par ce
qu'elle enuoya auſſi toſt quatre enfans
qu'elle auoit à noſtre maiſon auec les
autres qui y venoient, leſquels appri-

rent fi bien la doctrine , & la repeterent
à leur mere & à deux feurs qu'ils âuoient
que tous fept ont efté baptifez, & perfe-
uerent auec beaucoup de fatisfaction.
La mere eft fi contente de voir tous fes
enfans Chreftiens qu'ayant depuis efté
demandez en mariage par vne perfonne
de grande qualité, elle refpondit refolu-
ment, qu'il ne luy falloit point parler de
cela maintenant, qu'elle viuoit tres-
contente en fa viduité, feruant au vray
Dieu & nourriffant fes enfans au chemin de la beatitude Eternelle.

Vn petit enfant Chreftien aage de
cinq ou fix ans, s'efbatant auec les autres enfans de fa rue receut vn foufflet
de l'vn d'entre eux, il fe fouuint alors
d'auoir ouy dire chez nous que les
Chreftiens deuoient pardonner les iniures, & n'en voulut autre vengeance,
difant ie vous pardonne comme Dieu
ma pardonné. Quelques iours apres ce
mefme petit enfant eut difpute auec
vne de fes feurs plus ieune que luy, &
s'eftant oublié que fi vn Chreftien doit
remettre les iniures qu'on luy faict, il fe
doit beaucoup d'auantage garder d'of-
fenfer perfonne, il donna en cholere vn

fouflet à fa fœur, laquelle fe fouuenant mieux que luy, de ce qu'on luy auoit apris, luy dift ie vous pardonne comme Dieu m'a pardonné : ces paroles feruirent d'vne telle inftruction à fon frere qu'ils luy toucherent plus fort au cœur que n'euft fceu faire vn fouflet, & luy feruirent de remede de ce qu'il auoit eu de vaine gloire, pour vn acte femblable.

Cela fuffira pour le premier point. Ie viens maintenant au fecond, touchant aucunes miffions faictes dans le territoire de Sciauceo. La premiere a efté en vn bourg appellé Cincuno, où le Pere alla principalement pour baptifer les femmes des Chreftiens qui demeurent là. Et comme plufieurs autres par l'exemple de ce baptefme, voulurent ouyr le Catechifme, il y demeura long temps pour voir s'il en pourroit difpofer quelqu'vn à receuoir le baptefme. Il ne fut point deceu par ce que tout d'vn coup on fe prepareta pour en baptifer de nouueaux, & d'autres qui demanderent à eftre Catechifez, de façon qu'auparauant qu'on euft acheué aux vns il falloit commencer aux autres. C'eft pourquoy apres que le Pere eut faict vne reueuë

des Chreſtiens de Sciauceo, il retourna
à Cincuno, où il eſtoit attendu dès Catecumenes qui ſçauoient deſia la doctrine par cœur, de ſorte qu'il n'y auoit
pas grand peine à les inſtruire ſuffiſam-
ment pour les baptiſer. Pendant que le
Pere demeuroit ainſi occupé à Cincuno, il fut inuité de certains eſtrangers
qui paſſoient, d'aller en leur pays. S'e-
ſtant reſolu de paſſer plus outre, il alla à
Vancuno & de la à Sciahancone, puis il
retourna pour la troiſieſme fois à Cincuno, ſans abandonner pourtant les
Chreſtiens de Sciauceo, mais allant viſiter les vns apres les autres. Car il che-
mine auſſi facilement dans ce pays, &
preſche auſſi librement comme s'il
eſtoit au milieu de la Chreſtienté. En
quelque lieu qu'il arriue, il fait premierement vn Sermon an peuple qui eſt aſ-
ſemblé en vn lieu honneſte & commode, puis il leur monſtre vne image de
noſtre Sauueur afin que tous l'adorent,
ce qu'ils font, auec la meſme deuotion
que nous vous eſcriuiſmes l'an paſſé. Ez
lieux ſuſdits on a telle fois baptiſé ſept,
neuf, & vingt perſonnes, de ſorte qu'en
ces trois lieux il y a deſia plus de ſoi-

xante & dix Chreſtiens qui font honneur au ſainct Euangile, comme on
pourra voir d'aucunes particularitez
qui s'enſuiuent.

Le Pere allant à Cincuno trouua
grand nombre de ceux qui ieuſnoient,
les vns continuellement, les autres la
moitié de l'annee. Et comme ceux cy
faiſoient profeſſion de ſe preparer auec
ces auſteritez pour l'autre vie, ils furent
auſſi les premiers qui vinrent eſcouter
la parole Diuine, & tous euſſent eſté
baptiſez, ſi on leur euſt permis (comme
d'aucuns le demandoient) de pouuoir
tenir des Idoles, non qu'ils s'en ſou-
cient, mais parce qu'elles leur ont eſté
recommandees par leurs predeceſ-
ſeurs.

Neanmoins il s'en trouua quelques
vns d'entre eux, leſquels tant s'en faut
qu'ils demandaſſent ceſte condition
qu'ils apporterent d'eux meſmes les
Idoles au Pere pour les bruſler, & ſe
ſont conuertis à noſtre ſaincte Foy. Ie
diray ce que fiſt vne veufue à ce propos.
Voyans que certains Chreſtiens ſes voi-
ſins emportoient les Idoles, elle en demanda l'occaſion, comme de choſe qui

eſtoit fort nouuelle, on luy reſpondit
que c'eſtoit à cauſe que ſa voiſine vouloit eſtre Chreſtienne, & ſeruir ſeulement au vray Dieu & ſouuerain Mo-
narque, lequel ne peut eſtre propice à
ceux qui adorent le bois & la pierre,
comme eſtoient toutes les Idoles. Auſſi
toſt ceſte bonne femme (choſe eſmer-
ueillable) ſans s'enquerir d'auantage ny
attendre qu'auec des miracles, de hauts
diſcours & de bonnes raiſons on luy
prouuaſt ceſte verité, elle print vn Idole
qu'elle auoit ſeul en ſa maiſon, & la
porta aux Chreſtiens leur diſant, Prenez
& baillez encore celuy-cy au Pere, afin
qu'il m'eſcriue auec ma voiſine en la liſte des Catecumenes, car ie veux ſeruir
auec vous autres au Roy Souuerain.
Elle ne fut pas plus prompte à promet-
tre qu'exacte à tenir ce qu'elle auoit
promis, apres auoir eſté Catechiſee, auec
ſa voiſine, elles furent baptiſees.

Les petits enfans de Cincuno ſont ſi
ſoigneux d'apprendre par cœur la doctrine Chreſtienne, que iour & nuict
on la leur voit chanter à la porte de
leurs maiſons auec deuotion. Entre
autres, vne fille nommee Agnes agee

d'enuiron cinq ans laquelle en vn aage, où elle ne sçauroit presque former les paroles, sçait le Catechisme d'vn bout à autre, & le recite si habillement & auec vne telle grace que chacun à subiect d'en louer Dieu. Ses voisines l'appellent bien souuent pour qu'elle leur apprenne la doctrine Chrestienne & s'il aduient quelquesfois que ses parens Gentils la retiennent à disner vn Vendredy où Samedy, elle n'a garde de manger des viandes deffendues de l'Eglise Catholique en ces iours là, on luy en demanda vne fois l'occasion & elle respondit que c'estoit la coustume des Chrestiens. De sorte que son Pere est confus de la grande vertu de sa fille, & se tenant vaincu, confesse qu'il ne la sçauroit imiter, par ce (dict-il) qu'il a passé toute sa vie en ignorance offensant Dieu, & Agnes, auant que de cognoistre le monde, à sceu cognoistre & seruir Dieu.

Si tost que le Pere fut party de Cincuno les Gentils celebrerent vne feste, qui estoit de porter par toutes les rues vn Idole nommé Chinchium, qui signifie Prince des tenebres. Ces lourdaux

penfent que fa prefence chaffe de la
maifon où il entre le mauuais air & les
efprits malins, & ne prennent pas garde
les pauures infenfez, que ce n'eſt pas
bannir de la maifon l'air corrompu,
mais y introduire la plus dangereufe
pefte qui foit au monde, & la faire vn
receptacle de Lucifer, & de tous les dia-
bles d'enfer, quelques Chreftiens donc
voyans que l'Idole commençoit à faire
le tour ils s'affemblerent en la maifon
du pere d'Agnes pour confulter de ce
qu'ils deuoient faire, il fut refolu que
cela eftant vne fuperftition toute eui-
dente que la Loy Chreftienne abhorre,
qu'aucun d'eux ne deuoit confentir à
vne telle impieté. Tous les autres Chreftiens aduertis de s'abftenir d'vn œuure
fi diabolique s'y porterent en vrais fide-
les, ne permettans aucunement que ceft
efcadron infernal approchaft de leurs
maifons. En quoy parut la prudence &
le zele de la petite Agnes, parce que
Chinchium venant pour entrer en fa
maifon elle fe mit deuant la porte & le
rebuta de l'entree, le renuoyant bien
loing de là, & dift Nous autres Chreftiens n'auons que faire du Prince des

tenebres, parce que là où eſt Dieu, il n'y
peut auoir de mauuais air, ny d'eſprits
malins.

Les affaires graces à Dieu ne ſe ſont pas
moins heureuſement portees en Vancuno qu'en Cincuno, auſſi toſt que le
Pere y arriua deux grands Docteurs de
ce lieu qui liſoient les ſciences de la
Chine l'allerent viſiter, & quoy que ce
compliment fuſt pluſtoſt à cauſe de l'a-
mitié qu'ils portoient au Pere, que pour
traicter de l'Euangile, neamoins cela
donna beaucoup de credit au Pere enuers les habitans qui auoient peu de cognoiſſance de nous & de noſtre ſaincte
Loy. De ſorte qu'en vn inſtant la venue
du Pere fut ſceuë par la ville, & auant
qu'il fuſt nuit, il fiſt la predication ac-
couſtumee, auec l'adoration de noſtre
Sauueur, aucuns receurent la ſaincte
doctrine Euangelique. Le lendemain le
Pere alla viſiter ces deux Docteurs, &
print occaſion de nouuelle amitié auec
quelques autres, ce qui fut cauſe que
tous les ſçauans de Vancuno s'aſſem-
blerent & vinrent viſiter le Pere en ſon
logis. Et comme ils eſtoient venus en
intentiõ de s'informer de noſtre ſaincte
Loy,

Loy, le discours dura plus de la moitié du iour, le peuple y estant accouru, pour sçauoir qui demeureroit le vaincueur de ceste dispute, & s'esmerueillant (comme il est grossier & ignorant) qu'vn estranger peust entendre les Docteurs, & se faire entendre à eux, & qui est plus rendist si bon comte de leurs liures qu'il faisoit. La conclusion de la dispute fut que deux de ces sçauans les premiers d'aage, de Noblesse & de science, confesserent publiquement, qu'ils estoient resolus d'ouïr le Catechisme, comme ils firent dés le lendemain, ce qu'estant diuulgué par la ville il ne fut besoin d'autre tesmoignage pour approbation de la Loy Chrestienne.

De sorte qu'en peu de iours que le Peré demeura là, il y auoit tant de monde à escouter la parole de Dieu, qu'il falloit prescher tantost aux vns, tantost aux autres, & le iour n'estant pas suffi-sant, on y employoit vne bonne partie de la nuict. On estimoit que le Ieudy sainct qui estoit proche, on d'eust faire vn baptesme fort solemnel, mais l'en-nemy de nostre salut, qui veille tous-iours à nostre ruine, fist tous ses efforts

E

pour empefcher vn fi grand fruict, que
on eftoit preft de recueillir de ceux qu'il
auoit fi long temps tyrannifez, lorsque
le Pere commençoit à retirer fon rets,
voyant le poiffon preft à entrer dans la
Nacelle de l'Eglife, Satan commença le
premier à renuerfer tout fens deffus def-
fous, & brouiller fi fort la mer qu'il ne
s'en fallut guieres que tous les poiffons
n'efchapaffent du filé, l'ordinaire caufe
fut celle des Idoles, l'autre vne grande
crainte qu'ils eurent en vain de croire
que le Pere (à la mode de la Chine) tire-
roit d'eux vne grande quantité d'argent,
eu efgard à l'excellence de la Loy qu'il
prefchoit, fe fondant plus fur l'experience qu'ils auoient en telles matieres
des Bouzes, que furtout ce que le Pere
leur difoit au contraire. La troifiefme
fut vne fauffe imagination, que tous
eftoient obligez de viure en la mefme
façon que nous, c'eft à dire en folitude,
fans femmes, vaquans à l'oraifon & aux
autres exercices de la religion. La qua-
triefme fut vne autre opinion du peuple, auffi impertinente que la prece-
dente, & qui venoit du pere de men-
fonge, que ceux qui feroient baptifez

deuoient s'en aller tous auec les noſtres en Occident. De là vint que pluſieurs femmes deployerent tous leurs attraits, prieres & tout ce qu'elles peurent pour perſuader à leurs maris de fuir la frequentation des noſtres: leſquels ne firent non plus d'eſtat de cela que d'vne Chimere en l'air, & continuerent leur Catechiſme. Et lors qu'il fut temps d'aranger les chandeles qu'on deuoit allumer pour faire ce ſainct Bapteſme, les femmes qui auoient la ceruelle remplie d'imaginations ne ſçachans pourquoy on faiſoit cet appreſt, prirent cela pour vn ſigne certain de la fuite de leurs maris, qui ne s'enfuyoient pas de Vancuno, mais de l'Egypte aueugle & Idolatre: de ſorte que ny la couſtume, ny le reſpect ne les pouuant retenir à la maiſon, tranſportees de la paſſion elles ſortirent dehors & coururent les rues comme des folles, criant le plus fort qu'elles pouuoient, Secourez nous, ſecourez nous, on nous veut deſtrober nos maris, & les conduire ez pays eſtranges.

Toutes ces tempeſtes donnerent aſſez à faire au Pere, lequel neanmoins ne laiſſa pas de baptiſer au iour aſſigné

ceux qui eſtoient demeurez fermes, entre leſquels il y eut trois ieunes eſcoliers de grande & riche maiſon. Ce bapteſme ſe fiſt en leur maiſon pour la
conſolation de leurs parens qui l'a-
uoient demandé : leſquels (comme on
a ſceu depuis) c'eſtoient ſecrettement
informez de la qualité du Pere, & reco-
gnoiſſent maintenant le bien-faiĉt
qu'ils ont receu en leurs enfans, de façon que nous eſperons qu'ils ſuiuront
bien toſt le bon exemple de leurs enfans. Le bapteſme n'eſtoit quaſi pas finy
qu'aucuns Catecumenes qui s'eſtoient
retirez, à cauſe des ſuſdiĉtes reſueries, ſe
repentans de leur foibleſſe, ſe plai-
gnoient des empeſchemens qui les a-
uoient priuez d'vn ſi grand bien, & de-
ſirans qu'il ſe fiſt vn autre bapteſme, on
ne leur peut ſatisfaire, à cauſe que le
ſainĉt iour de Paſques eſtant ſi proche
le Pere ne pouuoit plus demeurer là,
eſtant obligé de retourner à Sciauceo.
Neanmoins il leur promit qu'auec l'aide Dieu il retourneroit bien toſt, & que
ils ſe tinſſent preſts qu'il ne manqueroit
pas de les conſoler.

De Sciahaucon, laiſſant ce qu'en ge-

neral nous auons dict de Cincuno & de
Vancuno, ie n'ay rien à dire sinon qu'a-
pres l'adoration accoustumee du Sauueur, le Pere discourant de plusieurs
matieres l'vn des auditeurs se leua en
pieds, les autres demeurans assis, & demanda ce qu'il falloit faire pour l'en-
tiere obseruation de nostre saincte Loy,
se monstrant tout disposé de quitter sa
propre maison, & tous ses biens s'il en
estoit besoin. Le Pere luy respondit
qu'il pouuoit bien accomplir la Loy de
Iesus-Christ sans laisser ses biens ny sa
maison, il luy fist encore ie ne sçay qu'elle autre demande, à laquelle il fut satisfait. Il y retourna pour la troisiesme
fois, de façon qu'il fut vn long temps
faisant tousiours de nouuelles questions
sur les responses. En fin il se tourna vers
ses compagnons & leur dist, Messieurs
ne vous estonnez pas de ce que i'ay faict
parce que ces choses estans les plus importantes du monde, maintenant que
nous auons quelqu'vn qui nous les explique, nous auons besoin de les entendre pour en faire nostre profit.

Ces Chrestiens ont depuis esté si con-
solez de la Messe que le Pere celebroit

en cète miſſion qu'ils ont dit ſouuent
que ce diuin Sacrifice eſtoit ſeul ſuffi-
ſant pour leur faire croire que noſtre
Loy, eſt la vraye & vnique en tout l'vni-
uers. De faict ils l'appellent entr'eux la
ſaincte Loy, la grande Loy, la Loy Vni-
uerſelle, la vraye Loy, & du Roy Souuerain auquel ſoit à iamais honneur &
gloire. Amen.

Quant au conſentement de ces Mandarins touchant la conuerſion, ie dis
que iuſqu'à preſent pas vn n'y a faict
difficulté, au contraire ſouuent qu'on
leur a monſtré vne partie du Catechiſme & la doctrine Chreſtienne, ils l'ont
louee comme choſe tres-parfaicte, &
particulierement vn des quatre gou-
uerneurs de Sciauceo, diſt apres auoir
leu les preceptes du Decalogue, que
quiconque voudroit obſeruer ces com-
mandemens ne pouuoit eſtre Mandarin, par ce que leur vie n'euſt ſceu eſtre
conforme à vne telle ſaincteté, de ſorte
que de noſtre part nous pouuons har-
diment preſcher le ſainct Euangile.

En Octobre de l'an 1601. nous auons
en fin receu nouuelles du Pere de Sciauceo que ceſte Egliſe croiſt en ferueur &

en nombre, dont il ne peut nous ref-
crire au long à caufe qu'il auoit la fie-
ure. Il touche feulement quelque chofe de la conuerfion d'vn grand Mandarin fils d'vne noble Dame qui eft defia
Chreftienne, lequel auoit efté baptifé
auec fon fils vnique, & que ce baptefme
auoit fort confirmé les Chreftiens en la
faincte Foy, & ouürit la porte à plufieurs. D'autant qu'il courut vn bruit
par Sciauceo que les noftres qui eftoient
allez à Pachin auoient efté mis en
prifon, tous nos amis nous abandonne-
rent, & mefme les Chreftiens par necef-
fité : mais ce Mandarin qui reuenoit de
Pachin donna fi bon tefmoignage du P.
Matthieu Ricci, & de tous les noftres
qui font ez autres refidences, qu'il fer-
ma la bouche aux mefdifans : & confir-
ma ce qu'il auoit dit par effets hantant
en noftre maifon fort familierement &
auec beaucoup d'amitié, & en fin s'e-
ftant faict Chreftien comme nous a-
uons dit. En verité la ville s'eft grandement efbahie, de voir qu'en vn temps
fi dangereux il ait renoncé la Loy de fes
anceftres & en ait pris vne nouuelle.
Ceftui-cy pour encourager les autres

E iiij

fidelles, à faict imprimer la doctrine
Chreſtienne en grands caracteres. Vn
Dimanche il en fiſt apporter vn grand
nombre & en donna vn exemplaire à
chaſque Chreſtien. Il vouloit auſſi faire
Imprimer le Catechiſme, que les noſtres
ont compoſé depuis peu pour donner
plus de cognoiſſance à vn chacun du
ſainct Euangile : les noſtres l'ont prié
de differer iuſqu'à ce que le P. Ricci l'ait
reueu & corrigé comme il a promis.
Pour concluſion ce vertueux Chreſtien
inſpiré de Dieu, s'eſt reſolu en luy meſme de baſtir promptement vne Egliſe
dans ſon Palais pour faire cognoiſtre à
vn chacun, combien il ſe glorifie d'eſtre
Chreſtien. On y mit la premiere pierre
vn iour de tres-heureux augure, à cauſe
de l'exaltation de la tres-ſainſte Croix
que l'Egliſe celebre ce iour là : & ne faut
pas douter que la Maieſté diuine n'en
ſoit grandement glorifiee, & que tout le
territoire de Sciauceó n'en ſoit eſmeu
à embraſſer la Foy de noſtre Seigneur
Ieſus-Chriſt.

Voila le fruit que nous auons ra-
maſſé l'annee 1601. de ceſte petite vigne
nouuellement plantee dans le Ro-

yaume de la Chine, à laquelle, afin que
elle fructifie & s'augmente de iour en
iour, nous demandons humblement
que V.P. luy donne sa benediction & la
recommande à Dieu, en ses saincts Sa-
crifices & oraisons, de Macao le 25.
Ianuier 1602.

BIBLIOTHEQUE ROYALE

F ij

www.ingramcontent.com/pod-product-compliance
Ingram Content Group UK Ltd.
Pitfield, Milton Keynes, MK11 3LW, UK
UKHW021742090726
13657UKWH00002B/882